이제야 나에게 말을 걸어본다

책의 시작
이 책이 당신의 조용한 감정에 닿기를

우리 삶의 가장 중요한 질문들은 평범한 순간에 찾아옵니다.

'나는 정말 이렇게 살고 싶은 건가?'

이 물음은 단순한 의문이 아닙니다. 현대인의 영혼이 던지는 근원적 질문, 존재에 대한 깊은 성찰입니다. 프랑스 철학자 알베르 카뮈가 말했듯이, 인생이 살 가치가 있는지 없는지 결정하는 것이야말로 철학의 근본적인 질문입니다. 그러나 우리는 이 질문을 너무 오랫동안 침묵 속에 묻어두었습니다. 이 책은 그 침묵을 깨뜨리는 여정입니다.

첫 번째 장에서는 타인의 기대와 사회의 기준 속에서 흔들리는 나를 돌아보며, '진짜 나'로 살아가기 위한 용기를 이야기합니다. 이후로는 세상이 우리에게 남긴 작은 흔적들인 스쳐 지나가는 감정, 말, 풍경들이 어떻게 나를 조금씩 바꾸어왔는지를 돌아보고 다양한 관계 속에서 비로소 나를 발견하게 되는 과정을 통해, 사람과 사람 사이에서 만들어지는 정서의 온도와 거리감에 대해 고찰합니다. 현실과 이상 사이에서 끊임없이 선택하고, 견디고, 버텨낸 시간은 결국 나를 성장시키는 힘이 되며, 그 끝에서 우리가 지켜내고 싶은 건 결국 '사람'이라는 깨달음에 도달합니다. 부모, 연인, 친구, 아이. 내가 사랑하고 함께 살아가는 이들과 쌓아온 시간은 나의 이름이자, 나를 지탱해주는 가장 단단한 울타리가 되었습니다.

이 책은 답을 제시하기보다 질문을 던집니다. 왜냐하면 진정한 지혜는 완벽한 해답이 아니라, 더 깊은 질문 속에 있기 때문입니다. 소크라테스가 "검토되지 않은 삶은 살 가치가 없다"고 말했듯이, 이 책이 당신의 삶을 검토하는 거울이 되고, 당신의 영혼에 작은 파문을 일으키기를 바랍니다. 그 파문이 점차 확

장되어, 당신의 일상을 새롭게 바라보는 시선이 되기를 희망합니다.

"나는 오늘 무엇을, 진심으로 말하고 싶은가?"
이제 그 질문에 함께 귀 기울일 시간입니다.

차례

책의 시작 이 책이 당신의 조용한 감정에 닿기를   03

1장 나를 사랑하는 일은 아직 서툴다

나를 이해하고, 내가 되기까지의 이야기

한 번은 온전히 나에게 걸어볼 것   14

나를 사랑하는 일부터   19

흐름을 거스르지 않고, 나를 따라가는 법   23

무엇이 아니라, 어떻게 그릴 것인가   28

책장을 넘기는 순간   31

시를 왜 쓰는 건데?   34

어제의 나와 결별하는 법   37

꿈, 더 이상 꿈을 꾸지 않는다   40

타인에게 지배되지 않는 삶   43

메리크리스마스 미스터 로렌스   46

장거리 야간운전, 고독한 여정 속에서   49

나만의 아지트를 찾아서   52

우리는 모두 예술가다 55

지워진 소년의 기억 58

페르소나, 연극은 끝나기 마련 62

2장 그래도 세상은 나를 조금씩 바꾼다

흔들리고 아파도 결국 지나가는 마음들

지나가고, 스치고, 사라지는 것들 68

너무 오래 달려온 나에게 72

누군가에게 친절을 베푼다는 거 76

감사한 마음으로 79

상실의 시대, 어둠 속을 걷는 이유 82

사라진 곳, 남겨진 기억 85

새벽의 온기 88

날개를 접은 새 91

아름다움을 말하는 시간	95
새벽 공기의 차가운 신선함	98
말보다 오래 남는 것	101
지하철에서 우연히 들은 대화	104
이렇게 살아도 괜찮을까?	108
그럼에도, 나는 사랑을 믿는다	112
나중에 나도 그 자리에 설 테니까	116

3장 어딘가에서 누군가처럼 살고 있다

사람 사이에서 부딪히고 닿고 스며드는 이야기

모두와 잘 지내려는 나에게	122
읽음 표시 너머의 고요	125
대화창은 빛나는데, 대화는 흐려진다	129
사람이 많은 곳에는 언제나 사람이 없다	132
조금은 불편해도, 다름과 함께 살아간다	135
농담이라는 이름의 다정함	138

기회는 사람의 얼굴로 온다					141

먹물 속에서 헤엄치는 마음					145

정성으로 끓인 작은 행복					149

사케 안에 고등어를 넣어 끓이던 사람			152

여전히 고맙다고 말하고 싶은 사람			156

안방이라는 이름의 술집					160

옷가게에서						163

이사라는 이름의 자서전					167

두 얼굴의 신, 하나의 나					172

4장 버텼기에 남은 것들

작은 성취와 현실의 무게를 안고 살아가는 사람들

무엇을 위해 일하는가					178

도시를 등지고, 삶을 다시 짓다				181

돈과 자유, 우리는 무엇을 얻고 무엇을 잃는가		184

고양이가 부럽다						187

돈 없이 자유로울 수 있을까	190
숫자로는 보이지 않는 일	195
일단 시작했고, 그다음은 버텼다	199
버텼기에 남은 것들	204
데미안이 내게 말했다	209
색연필로 쓴 인생 계획서	214
출산, 선택이 없는 선택지	218
용서가 없는 세상	222
증발하는 사람들	225

5장 내가 사랑하는 사람들과 만든 이름들

부모, 연인, 아이, 그리고 가족이라는 관계에 대하여

사랑이 있었을까, 그 질문의 끝에서	230
가족이라는 이름으로	234
부부라는 단어가 무겁게 느껴진 날	238
지친 하루 끝에 가장 먼저 해야 할 말	242

아버지와 무인도	246
사랑하는 아내에 대해서	251
내일도 키 재자, 우리	254
책임지지 못한 기억	257
부모라는 이름	261
다정한 어른	264
늦은 평온을 위한 용기	267
떠나간 자리에서	269
내 이름은 계속 바뀌고 있다	272
책의 끝 그렇게 우리는 하루하루를 걸어왔다	275

1장

나를 사랑하는 일은 아직 서툴다

나를 이해하고, 내가 되기까지의 이야기

한 번은 온전히
나에게 걸어볼 것

자신을 내보여라. 그러면 재능이 드러날 것이다.

발타사르 그라시안

지금까지 나는 '잘하는 일'이 아니라, '잘해야 하는 일'을 하며 살아왔다. 공부, 일, 그리고 어떻게든 해야만 하는 것들.

그런데도 잘하지 못했다. 성공하지도 못했고, 꾸준히 무언가를 하거나, 대단한 결과를 이뤄내지도 못했다. 그래서 생각했다. 나는 성공과는 거리가 먼 사람, 능력이 없는 사람, 끝까지 해내지 못하는 사람이라고.

 세상에는 나보다 똑똑하고, 성실하고, 부지런한 사람이 너무 많다. 그들은 노력 끝에 높은 곳까지 올라가고, 그들을 바라보는 내 시선도 점점 높아졌다.

 나는 왜 저렇게 되지 못할까? 노력도 재능이라던데, 난 노력하는 재능조차 없는 걸까? 유튜브도 보고, 자기계발서도 읽고, 그들의 습관을 흉내를 내봤지만, 도무지 따라갈 수가 없었다. 이유는 간단했다.

1. 노력과 재능이 부족하다.
2. 하고 싶지 않다.
3. 노력도 안 하고, 재능도 없는데, 하고 싶지도 않으니 당연히 안 된다.

 결국 게으른 사람이 되고 능력 없는 사람이 되어버렸다. 그런데 정말 그럴까? 어떻게 하면 나도 남들처럼 뛰어난 일을 즐기며 할 수 있을까? 곰곰이 생각해 봤다.

1. 남들보다 잘하는 일
2. 평생을 즐기며 꾸준히 해온 일
3. 나의 성향과 맞아떨어지는 일
4. 성공했을 때 경제적 여유까지 주는 일

이렇게 적어 보니 답은 명확했다. 내가 가장 잘하는 일은 '글쓰기'였고, 그중에서도 에세이였다. 사람들과 어울리지 않고 혼자 모든 과정을 진행할 수 있는 '집필'이라는 작업은 나와 완벽하게 맞아떨어졌다.

베스트셀러 작가가 되는 건 쉽지 않겠지만, 만약 가능하다면? 나는 꾸준히, 열심히, 그리고 누구보다 오래 할 자신이 있었다. 그리고 그 끝에는 풍족한 삶이 기다리고 있을지도 모른다.

그런데 왜 지금까지 글쓰기를 '본업'으로 생각하지 않았을까? 스스로 답을 내린 결과, 아마도 '일반적인' 일이 아니었고, 주변 사람들이 하지 않았고, 학교에서 배운 '해야 하는 것'이 아니었기 때문일 것이다. 하지만 이제는 안다. 단지 도전하지 못했던 이유는 내가 나를 믿지 못했기 때문이라는 것을. 그리고 당시 글을 쓸 만큼 경험이 부족하다고 단정을 지었기 때문이라는 것을.

생각해 보면, 대부분의 사람이 비슷한 길을 간다. 초·중·고·대학교를 거쳐 모두가 하는 공부를 하고, 모두가 가는 직장을 선택하고, 시험을 준비하고, 비슷한 집에 살고, 비슷한 옷을 입고, 비슷한 차를 타고, 비슷한 하루를 반복하며 살아간다. 그 속에서 '뒤처진다'는 느낌을 받을 때, 우리는 자신을 '무능력한 사람'이라고 평가한다.

정말 그럴까? 모든 사람의 재능의 영역은 다른데 말이다. 그저 아직 자신에게 유리한 것을 찾지 못했을 뿐이다. 예를 들어 키가 2미터인 어떤 사람이 농구를 하면 남들보다 빠르게 유명한 스포츠 선수가 될 것이다. 그런데 그 사람이 농구가 아니라 농구 게임의 프로게이머가 된다면? 과연 더 쉽게 성공할 수 있을까?

결국 중요한 건 자신의 강점을 찾고, 단 한 번은 올인해 보는 것이다. 남들보다 잘하는 것, 오래 해온 것, 자신 있는 것. 그리고 누가 뭐라고 해도 도전하고 싶은 것.

 한 번 사는 인생, 단 1년이라도 온전히 내 꿈을 위해 달려보기로 했다.

나를 사랑하는 일부터

나 자신에 대한 자신감을 잃으면 온 세상이 나의 적이 된다.

랄프 왈도 에미슨

보통 자신에게 이렇게 말한다.

"자신을 동정하지 말자. 채찍질하자. 더 열심히 해야 한다. 이 게으름뱅이야!"

무라카미 하루키의 「상실의 시대」에서도 나가사와 선배가 주인공에게 비슷한 말을 했다.

"자신을 동정하지 마라. 그것은 비열한 인간이 하는 짓이다."

하지만 그렇게만 살아야 할까. 세상에 누가 나를 알아주고 위로해 줄까. 삶의 고통 끝에서 스스로를 다그치다 생을 마감한다면 그것보다 더 슬픈 일이 또 있을까.

웃어라, 그러면 세상도 너와 함께 웃을 것이다.
울어라, 그러면 너 혼자 울게 될 것이다.

엘라 휠러 윌콕스

이 시처럼, 결국 삶의 고통은 스스로 짊어져야 하고, 때론 그 무게가 너무 무겁다. 하지만 나는 나를 가장 잘 아는 사람이다. 내가 나를 사랑하지 않는다면, 누가 나를 사랑해 줄 것인가.

1. 나를 위로하기

나 자신을 사랑하고, 나를 아끼고, 나의 행복을 위해 살아야 한다. 사회가 요구하는 기준에 자신을 억지로 맞추며 숨조차 쉬지 못하게 해서는 안 된다.

그런 삶의 끝은 후회와 불행, 허무함뿐이다. 결국 혼자 울게 될 것이다.

우리는 허무를 위해 사는 것이 아니다. 오직 고통을 버티는 것만이 삶이 되어선 안 된다.

자신을 되찾고 스스로가 만든 적을 피해 평온한 하루와 내 인생의 가치를 되찾아야 한다.

2. 나를 바라보기

거울을 보거나 마음을 들여다보면서 자신을 마주해야 한다. 그리고 눈빛과 소리에 집중하라. 거울 속의 모습과 마음 깊숙이 들려오는 소리는 분명히 무언가를 전하고 있을 것이다.

세상은 나를 알아주지 않는다. 외면받은 나는 결국 스스로를 돌봐야 한다.

위로를 통해 다시 일어나고 칭찬을 통해 극복할 수 있다.

더 이상 자신을 탓하지 말자.

스스로를 비난하지 말자.

나에게 거친 말을 퍼붓지 말자.

사랑해야 한다.

그 누구보다도,

나를.

흐름을 거스르지 않고,
나를 따라가는 법

미래는 오늘 당신이 무엇을 하느냐에 달려 있다.
마하트마 간디

나는 한 가지 길만을 걸어온 사람이 아니다. 계속해서 방향을 틀며, 예상치 못한 곳으로 흘러갔다.

지금까지 세웠던 목표를 나열하자면 다음과 같다. 만화가, 생각 없던 대학 진학, 화가, 마켓플레이스 MD, 사업가, 작가.

이렇게 적고 보니, 계획 없이 되는 대로 살아온 것처럼 보인다. 하지만 그 당시 선택의 순간마다 진심이 있었다.

어릴 때 나는 만화에 미쳐 있었다. 외할아버지는 만화방을 운영하셨고, 어머니는 비디오 대여점을 하셨다. 만화책을 보는 건 숨 쉬는 것처럼 당연한 일이었고, 연필만 잡으면 캐릭터를 그리고 있었다. '나도 언젠가 만화를 그리는 사람이 될 거야'라고 믿었다. 하지만 세상은 그렇게 단순하지 않았다.

고등학생이 되자 현실이 보였다. 나는 그림을 잘 그리는 사람이 아니었다. 반 친구들이 멋진 그림을 그리는 걸 보면서 좌절했다. 만화가는커녕 대학 진학도 어려웠다. 어머니가 말했다.

"그래도 대학은 가야지."

운 좋게 미술과에 진학했지만, 그림을 향한 열정은 딱히 살아나지 않았다. 대신 색을 다루고, 형태를 조합하는 일이 묘하게 재미있었다. 그때부터 미술이 단순한 취미가 아니라 '내 길일 수도 있겠다'는 생각이 들기 시작했다. 하지만 역시나 인생은 예상과 다르게 흘러갔다.

대학 졸업 후, 그림을 그리면서도 늘 마음 한구석에는 불안함이 있었다. '이걸로 먹고살 수 있을까?'

현실적인 선택을 해야 했다. 미술을 좋아하지만, 경제적인 안정도 중요했다. 결국 나는 그림을 내려놓고, 완전히 다른 길을 선택했다.

마켓플레이스 MD가 되어 데이터를 분석하고, 시장 흐름을 읽는 일을 시작했다. 처음에는 단순한 생계 수단이라고 생각했는데, 의외로 재미가 있었다. 세상이 어떻게 움직이는지, 사람들이 무엇을 원하는지 알게 되는 일이 흥미로웠다. 그렇게 10년을 넘게 일하다 보니, 사업에 도전하고 싶었다. 처음에는 작은 규모로 시작해 점점 키워갔다. 직접 브랜드를 만들고 운영했다. 사업은 생각보다 훨씬 어려웠다. 잘될 때는 재미있었지만, 힘들 때는 끝이 보이지 않았다. 그리고 결국 또 다른 선택을 하게 됐다.

"그래, 이제는 진짜 내가 하고 싶은 걸 해보자."

어릴 때부터 글을 쓰는 걸 좋아했으면서도, 단 한 번도 '작가'라는 길을 진지하게 생각해 본 적이 없었다. 돌이켜보면 그림을 그릴 때도, 사업을 할 때도, 내 안에는 늘 이야기들이 가득했다. 나는 결국 무언가를 창작해야만 만족하는 사람이라는 걸 깨달았다.

지금까지 살아온 길을 돌아보면, 나는 계획적인 삶을 살지 않았다. 매 순간 새로운 길을 선택했고, 그 길들이 모여 지금의 내가 되었다.

삶의 선택은 과거로 묶어두거나 미래로 이끄는 분기점이 된다. 그렇다면 나는 더 이상 과거를 붙잡지 않기로 했다. 시간과 인생은 강물처럼 흘러가고, 바람처럼 떠돌며 흩어진다. 흐름을 거스를 필요는 없다. 내가 원하는 방향으로 조금씩 노를 저으면, 결국 내가 있어야 할 곳에 닿을 것이다.

과거의 나는 어쩌면 지금의 나보다도 더 먼 사람이 되어 있을지도 모른다.

그러니 떠날 거면 빨리 떠나자.

다음을 향해서.

새로운 나를 향해서.

무엇이 아니라,
어떻게 그릴 것인가

삶은 가치 있고 대단해야 하는가.

쇼펜하우어

"커서 뭐가 될래?"

어릴 때 수없이 들었던 질문이다. 당시에는 정확한 직업을 꼽으며 미래를 상상했다. 하지만 지금은 이렇게 답하고 싶다.

"뭐가 되긴, 그냥 크는 거지."

시간이 흐르고 성장하면서 우리는 깨닫는다. 이 질문이 단순히 직업을 선택하는 것 이상의 의미를 지닌다는 것.

쇼펜하우어는 말했다.
"삶이 반드시 가치 있고 대단할 필요는 없다."

우리 삶은 도화지 위에 매일 새로운 색을 덧입히는 일에 가깝다. 때로는 예상치 못한 색이 더해지기도 하고, 원치 않는 무늬가 생기기도 한다. 도화지를 처음 꺼냈을 때 생각했던 그림과는 달라졌을지라도 그것이 우리 삶을 더욱 독특하고 아름답게 만든다.

"뭐가 되긴, 그냥 크는 거지." 이 말은 인생이 특정한 목적지를 향해 달려가는 것이 아니라, 과정 자체가 의미 있다는 깨달음에서 나온다. 무엇이 되는가보다, 매 순간을 어떻게 살아가느냐가 더 중요하다는 것을.

우리는 성장하면서 점점 알게 된다. 삶의 의미는 외부에서 주어지는 타이틀이 아니라, 내면에서 발견되는 가치에서 비롯된다는 것을. 가족과 함께하는 시간, 친구와의 대화, 취미를 즐기는 순간, 심지어는 어려움을 견디는 과정에서도 우리는 삶의 진정한 의미를 발견한다.

높은 지위나 사회적 인정이 삶의 목표일 필요는 없다. 더 중요한 것은 매 순간을 충실히 살아가는 것, 자신과 타인에게 긍정적인 영향을 주는 것일지도 모른다. 우리 각자의 도화지 위에 그려진 그림은 모두 다르다. 그러나 그 자체로 완전하고 아름답다.

결국, 삶은 대단할 필요가 없다. 그저 하루하루 의미를 찾아가고, 소소한 행복을 느끼며, 우리 자신과 타인을 위한 작은 변화를 만들어 가보자. 그 과정에서 우리는 진정으로 '무엇이 되는가?'를 넘어, '어떻게 살아가는가?'를 묻게 된다.

책장을 넘기는 순간

낮에 꿈꾸는 사람은 밤에만 꿈꾸는 사람이 찾을 수 없는 많은 것들을 안다.

에드거 앨런 포

　소설을 읽는다는 것은 타인과 다른 세계에 귀를 기울이는 일이다.

　흔히 소설을 단순히 꾸며낸 무의미한 이야기라고 생각하기 쉽다. 하지만 훌륭한 소설은 그저 이야기를 전달하는 역할만 하지 않는다. 소설은 삶의 쉼터가 된다. 반복되고 지친 일상에서 벗어나, 다른 세계를 대리 체험하게 해준다.

  소설을 통해 살아보지 못한 시대를 경험하고, 가보지 못한 나라를 거닐고, 익숙하지 않은 문화를 접한다. 현실을 다차원적으로 해석할 수 있는 렌즈가 생기는 셈이다.

  소설 속 언어의 미학은 읽는 즐거움을 더해준다. 평소 사용하지 않는 다양한 표현을 마주하면서, 언어가 하나의 예술이 된다는 것을 깨닫는다.

  더불어 나와 관계없는 계층 사람들의 마음과 일상을 들여다보고, 수많은 자아와 호흡하는 귀중한 시간이 된다.

  나에게 소설은 삶의 지침서였다. 타인을 함부로 평가하지 말 것, 변명으로 일관하지 않을 것, 사람을 사랑하는 태도, 부모와 형제, 친구와의 관계까지. 소설은 수많은 간접 경험을 선물했다.

  새로운 일에 도전하고 두려워하지 않는 정신도 문학에서 배웠다. 만약 소설을 읽지 않았다면, 지금의 나는 없었을 것이다.

  소설은 인간에 관한 이야기다. 수많은 소설 속에는 수많은 사람이 있다. 우리는 책상에 앉아서 수백 년 전 사람들의 일상과 생각, 가치와 문화를 경험할 수 있다. 순식간에 러시아로 가서 눈보라 속을 걷고, 태평양 한가운데 표류해 무인도에 갇히기도 한다. 때로는 왕이 되고, 거지가 되고, 남자가 되었다가, 여자가 되고, 아이가 되었다가, 심지어 고양이나 개가 되기도 한다. 그렇게 소설 속을 떠돌다 돌아오면 마치 환생을 거듭한 것처럼 다양한 생각과 시각이 생긴다. 세상을 바라보는 방식이 달라진 것이다. 마치 세상이 밝아지면서 나란 사람이 중심에 서서 밝고 뜨겁게 빛나고 있음을 알게 된다.

 타인의 삶으로 들어가 보자. 서점을 지날 때, 잠시라도 소설 코너에 서서 표지를 바라보자. 그것만으로도 우리는 또 다른 차원으로 들어가게 될 것이다.

시를 왜 쓰는 건데?

내가 시를 만든 것이 아니다. 시가 나를 만든 것이다.

괴테

시를 쓰는 행위는 다양한 목적을 가진다.

1. 나만의 언어를 갖는 일

우리가 사용하는 언어는 사회의 언어다. 내가 무슨 말을 하면 타인이 이해할 수 있도록 구성된 단어와 문장을 사용한다는 뜻이다. 그러나 시의 언어는 다르다. 시에서 사용되는 단어와 문장은 개인의 언어다.

자신만의 단어, 자신만의 문장, 자신만의 표현을 창조하는 것. 그것이 시를 쓰는 일이다. 그래서 우리는 시인을 '언어를 만드는 사람'이라고 부른다.

시를 쓴다는 것은 결국, 자신만의 언어를 만들어가는 과정이다.

2. 세상과 자신을 새롭게 바라보기

개인의 언어로 글을 쓰다 보면, 익숙한 것들이 낯설게 보이기 시작한다. 매일 사용하는 단어에 새로운 의미를 부여하고, 어떠한 현상에 대해 새로운 표현과 비유를 하다 보면 익숙한 시선으로 매일 보던 세상과 자신이 새롭게 느껴진다. 그 과정에서 우리는 깨닫는다. 마치 아이가 처음 거울을 보고, 비친 모습이 자신이라는 걸 알아차리는 순간처럼. 기존의 세계가 완전히 새롭게 조합되는 순간. 우리는 그것을 '예술적 깨달음'이라 부른다.

3. 시를 쓰는 일이 삶을 바꾸는 이유

시를 통해 우리는 나만의 언어와 시각을 가진다. 이제 남은 것은 앞으로의 생을 바라보는 시각의 변화다. 그것을 통해 우리는 더욱 주체적인 삶을 살아간다. 남에게 들은 것, 책에서 읽은 것이 아니라, 온전히 나 스스로 생각한 것으로 내 삶을 채워가는 일. 그것이야말로 독립적인 개체로 변화하는 과정이다.

사회의 언어와 시각만을 따르며 살 수도 있다. 어떤 문제도, 결핍도 없을 것이다. 하지만 어차피 한 번뿐인 인생, 남의 생각과 기준만으로 채워진 삶은 정말 지루하지 않은가?

나만의 언어와 생각으로 주체적인 삶을 사는 것. 그 또한 좋을 테다. 그러니 지금 당장, 시를 적어보자.

읽는 것보다 직접 쓰는 것이 중요하다. 주제가 무엇이든 상관없다. 매일 간단한 시를 적는 일은 매일 조금씩 사상의 자유를 떠나는 것과 같다. 너무 멀리 갈 필요 없다. 가까운 곳이라도 좋으니 떠나보자.

어제의 나와 결별하는 법

현재는 결코 우리의 목적이 아니다. 과거와 현재는 수단이며, 미래만이 우리의 목적이다.

파스칼

우리의 삶은 세 가지 시간으로 나뉜다.

과거

현재

미래

과거는 우리가 살아온 시간이며, 현재는 그 결과이며, 미래는 우리가 현재를 살아가는 방식에 따라 새롭게 형성될 시간이다.

과거는 되돌릴 수 없다. 하지만 현재를 바꾸면 미래는 달라질 수 있다. 그런데 우리는 쉽게 변하지 못한다. 왜일까?

그것은 과거의 나와 현재의 나를 분리하지 못하기 때문이다. 어제까지 돈을 흥청망청 쓰던 사람이 당장 내일부터 절약할 수 있을까? 어제까지 과식하는 사람이 바로 이 순간부터 다이어트를 시작할 수 있을까? 시험 기간마다 놀던 사람이 하루아침에 10시간 이상 책상에 앉아 공부할 수 있을까?

변화는 어렵다. 하지만 지금 이 시점부터 바뀌지 않으면 미래는 변하지 않는다.

우리는 아무것도 그려지지 않은 종이 한 장을 받았다. 어떠한 방해도 없이, 자유롭게 스케치하고 채색할 수 있는 기회. 이미 망가진 그림 위에 덧칠만 하다 보면 결국 작품은 엉망이 된다. 그럴 때는 과감하게 새로운 종이를 꺼내야 한다. 지금까지 그려온 방식을 버리고 새롭게 그려 나가야 한다.

그 시간은 사소한 것에서 온다. 지각하던 습관을 버리고 10분 일찍 일어나기, 가계부 앱을 통해 소비 습관 기록하기, 한 달에 책 한 권을 읽고 실천해 보기, 텔레비전을 보며 가볍게 스트레칭하기, 동호회를 통해 다양한 사람을 만나기, 매달 10만 원씩 정기적금 들기, 이렇게 가벼운 변화를 시작하고 하나씩 실천해 보면 몇 년 후 달라진 자신을 발견할 수 있다.

더 이상 지각하지 않고, 저축하고 과소비를 줄이고, 책을 즐겨 읽고, 원만한 인간관계를 유지하고, 건강한 생활 습관을 지닌 사람이 되어 있을 것이다.

나아가 저축한 돈으로 투자나 사업을 계획하고, 다양한 지식으로 취업과 이직 기회를 잡고, 사람들의 경험을 배워 살아가는 지혜를 얻고, 오랜 스트레칭과 운동으로 건강한 신체를 얻을 수도 있다.

변화는 거창한 계획에서 시작되는 것이 아니다. 사소한 작은 습관이 모여 거대한 인생을 만든다.

행복을 미래에 맡기지 말자. 현재를 살아가는 내가 책임지자.

꿈, 더 이상 꿈을 꾸지 않는다

꿈이 없다면, 우리는 영혼이 없는 존재와 같다.
칼 샌드버그

설날과 추석에는 제사를 드린다. 큰집에서 제사를 지내고, 오래전에 돌아가신 삼촌 댁으로 이동해 다시 제사를 드린다. 사촌 형들과 모여 대화를 나누다 보면 일과 삶, 그리고 가끔은 꿈에 대한 이야기도 나온다.

사촌 형은 평소처럼 여유롭고 느긋한 목소리로 말했다.

"요즘은 너무 피곤해서 꿈을 꿔도 기억나지 않아. 아니, 사실 꿈을 꾸지 않는 것 같아."

그의 말은 갑작스레 내 가슴에 무거운 돌을 올려놓은 듯했다. 그저 꿈이 기억나지 않는다는 말일 뿐인데, 내게는 그것이 단순한 기억의 문제가 아니라, 의지와 희망 그리고 철학의 문제로 느껴졌다.

'꿈을 꾸지 않는다' 이 말은 꿈의 부재가 아니다. 꿈의 망각 혹은 포기다. 우리가 얼마나 자주 자신의 꿈과 희망을 일상의 무게 아래 묻어두는지를 상기시킨다.

꿈은 여전히 우리 안에 있다. 다만 바쁜 일상 속에서, 그 소리에 귀 기울이는 법을 잊었을 뿐이다. 결국 우리는 꿈을 꾸고 있지만, 그 꿈을 기억하지 못하는 채 살아간다.

하지만 기억하지 못한다고 해서, 꿈이 사라진 것은 아니다. 여전히 우리의 내면 깊은 곳에서 살아 숨 쉬고 있다. 일상의 소음을 잠시 멈추고, 스스로에게 질문을 던져야 한다.

"나는 무엇을 원하고 있는가?"
"나는 어디로 가고 있는가?"

 이 과정에서 자신의 삶을 다시 바라보게 되고, 잊고 있던 방향을 되찾게 된다. 앞으로 나아가는 데 필요한 동력이 생긴다.
 결국, '꿈을 꾸지 않는다'는 말은 우리가 꿈을 잃어버린 것이 아니라, 잠시 잊고 있었을 뿐이다. 꿈이 없다면, 우리는 살아갈 의미를 잃는다. 비록 이루어지지 않는 꿈이라 하더라도 하나의 세계는 반드시 있어야 한다.

타인에게 지배되지 않는 삶

노예로 살지 말라.

니체

니체는 말했다.

"노예로 살지 말라."

이 짧은 문장에는 강렬한 메시지가 담겨 있다. 타인의 기대와 사회적 규범에 얽매여 자신의 진정한 모습을 잃어버리지 말라는 경고. 그리고 자신의 존재를 되돌아보고, 자기 주도적인 삶을 강조하는 중요한 교훈이다.

우리는 종종 타인의 판단과 기준에 자신을 맞추며 살아간다. 이런 삶에서 우리의 결정들은 종종 자신을 위한 것이 아니라 타인을 만족시키기 위한 것이 되어버린다. 하지만 진정한 삶은 타인의 시선이 아닌, 자신의 선택과 결정에 따라 이끌려야 한다.

자신을 위한 삶은 자기 자신에 대한 깊은 사랑과 존중에서 시작된다. 내면을 깊이 들여다보고, 진정으로 원하는 것이 무엇인지, 삶을 어떻게 채워 나가고 싶은지를 고민하는 과정. 그 속에서 우리는 타인의 기대에서 벗어나, 자신만의 길을 찾아간다.

타인에게 지배되지 않는 삶을 살기 위해서는 자기 인식을 높이고, 목표를 설정하며, 꾸준한 자기반성을 통해 자신의 길을 조정해야 한다. 결코 쉬운 여정이 아니다. 주어진 길을 따르는 것이 훨씬 편할지도 모른다. 사회적 기준에 맞춰 살면, 적어도 낯선 길에서 길을 잃을 걱정은 없으니까. 하지만 자신의 삶을 스스로 결정하고, 자신만의 가치와 신념에 따라 살아가는 것은 우리가 얻을 수 있는 가장 큰 자유이자, 진정한 의미의 성취다.

   니체의 말처럼, 우리는 노예로 살지 말아야 한다. 타인의 기대나 사회적 규범에 얽매이지 않고, 스스로 선택한 길을 걸어야 한다. 자기 자신을 위한 삶을 살아가는 우리 모두에게 주는 깊은 메시지다.

메리크리스마스 미스터 로렌스

희망은 볼 수 없는 것을 보고 만져질 수 없는 것을 느끼고 불가능한 것을 이룬다.

헬렌 켈러

류이치 사카모토의 'Merry Christmas, Mr. Lawrence'는 듣는 이에게 깊은 여운을 남긴다.

이 음악은 20년 전 대학 동기의 추천으로 처음 들었다. 지금 그는 어디에 있을까. 독일 어딘가에서 그림을 그리고 있을지, 한국으로 돌아와 사업을 하고 있을지, 아니면 미국이나 다른 나라에서 전혀 다른 삶을 살고 있을지 알 수 없다. 마지막 문자를 남기고 거짓말처럼 사라져 버렸다.

그가 사랑했던 여자 친구의 자취방에 가서 함께 도배를 하고 집을 꾸며줬던 기억이 떠오른다. 사라진 그를 찾으러 집 근처 도서관을 가고, 익숙한 장소를 서성이던 날들. 형사에게 발각된 도망자처럼, 나를 마주하던 그 얼굴이 아직도 생생하다.

이 음악을 들을 때마다 하얀 설원을 걷는 그의 모습이 머릿속에 그려진다. 그 발걸음은 어디를 향하는지 목적지를 알 수 없고, 끝이 어디인지 아무도 모른다. 죽음을 향해 걷는 것인지, 삶을 위해 발걸음을 옮기는 것인지조차 불분명한 여정. 마치 높은 곳에서 낮은 곳으로 이어지는 길을 따라가는 듯하다. 이 고독한 인물의 모습은 피아노 선율에 실려 울리는 발자국 소리와 함께 쓸쓸한 겨울의 정취를 더한다.

그러나 이 고독한 이미지는 단순한 상상이 아니다. 우리는 모두 각자의 설원을 걷고 있다. 삶의 의미를 찾아가는 여정 속에서, 때로는 방향을 잃고 목적지가 무엇인지 고민하며, 고독한 존재로서 길을 나선다.

여정의 끝은 누구에게나 동일하게 다가오는 죽음이라는 현실이다. 그러나 이 음악은 죽음에 대한 두려움이나 절망만을 이야기하지 않는다. 오히려 고독한 여정 속에서도 끊임없이 전진하려는 인간의 의지와 삶에 대한 갈망을 담고 있다.

피아노 선율은 마치 인생의 길을 걷는 우리 모두의 발걸음 소리와 같다. 그 소리는 우리에게 속삭인다. 고독한 여정 속에서도 아름다움은 존재한다고. 설원을 걷는 그 고독한 인물처럼, 우리의 삶도 목적지가 불확실할지라도, 그 여정 자체가 가치 있는 것임을 우리에게 일깨워 준다.

이 곡을 들으며 우리는 자신의 내면을 깊이 들여다보고 삶의 의미를 다시금 성찰하게 된다. 고독한 여정 속에서도 우리의 사랑을, 우정을, 그리고 작은 기쁨들을 발견하며 앞으로 나아간다.

결국 'Merry Christmas, Mr. Lawrence'는 죽음을 향한 여정처럼 들려왔지만, 그 속에서도 삶의 아름다움을 찾아내 다시 일어서는 우리의 모습이 되었다.

장거리 야간운전,
고독한 여정 속에서

삶에는 얼마나 모순이 많은가, 하지만 우리는 삶과
화해할 수 있는 만큼 화해하며 산다.

생텍쥐페리 「야간 비행」

심야에 장거리 운전을 해본 사람은 안다. 밤이 내려앉은 고속도로를 달리는 것은 단순한 이동이 아니다. 그것은 고독과 평온의 극치를 경험하는 독특한 여정이다. 앞을 밝히는 것은 오직 헤드라이트뿐. 도로 위의 세상은 어둠에 잠기고, 주변은 적막에 싸인다.

생텍쥐페리는 「야간 비행」을 통해 인간의 내면과 우주의 신비로움 사이의 대화를 탐구했다. 그리고 밤길을 달리는 우리는 그가 경험했던 그 고요한 사유의 순간을 잠시나마 마주한다.

장거리 야간 운전은 혼자만의 시간을 가질 수 있는 명상의 순간이 된다. 밤의 고즈넉함 속에서, 차량의 헤드라이트만이 앞으로 나아가는 길을 밝히며, 나머지 세상은 어둠에 잠긴다. 차내의 고요함과 도로 위의 외로움은 잡다한 생각들로부터 일시적으로 해방된다.

어두운 도시의 번잡함과 일상의 책임에서 잠시 벗어나, 오롯이 현재에 집중할 수 있는 시간. 밤의 정적 속에서 운전하는 나는 생텍쥐페리가 말한 '존재의 신비'와 마주하는 듯하다. 차창 너머로 펼쳐지는 밤하늘과 어둠 속을 가르며 일상에서는 느낄 수 없는 자유와 해방감을 선사한다.

장거리 야간운전이 주는 또 다른 선물은 자신과의 대화를 가능하게 한다는 점이다. 잡념이 사라지고, 오로지 도로와 나, 그리고 운전하는 행위만이 존재하는 순간. 내면의 목소리가 또렷해지고 스스로에게 묻는다.

"나는 지금 어디로 가고 있는가?"

생텍쥐페리가 야간 비행에서 밤하늘을 날며 느꼈던 고독과 고요함. 그것은 우리가 한밤중의 도로 위에서 경험하는 감각과 닮았다. 이 고독한 여정 속에서 우리는 삶의 의미와 개인적인 존재에 대해 더 깊이 사유할 기회를 얻는다. 결국 장거리 야간 운전은 자아를 탐색하고 내면의 평화를 찾아가는 여정이다.

자, 모두 떠나자. 밤의 하늘로.
당장 출발할 수 없다면 유투브에서 장거리 야간 운전 4k 비디오라도 보자.

나만의 아지트를 찾아서

당신만의 방을 가지세요. 세상과 거리를 두고 당신이 누구인지 생각할 수 있는 곳을.

버지니아 울프

아지트의 정의를 검색했다.

아지트
어떤 사람들이 자주 어울려 모이는 장소. 비합법 운동가나 조직적 범죄자의 은신처.

기존에 알고 있던 뜻과는 별개로 상당히 거친 의미도 내포하고 있었다. 비합법 운동가나 조직적 범죄자의 은신처라니! 이렇게 거친 단어와 연결될 줄은 몰랐다. 아지트라고 하면 힐링의 공간이나 일상의 도피처 정도로 이해했다.

현대에 와서 아지트라는 단어는 더 넓은 의미로 개인의 정서적 안식처, 창의력의 원천, 삶의 질을 높이는 개인 공간으로 재해석되고 있다.

우리는 끊임없이 빠르게 변화하고 많은 것을 요구받는 시대에 살아간다. 나에게 맞는 속도를 생각할 새도 없이 앞만 보고 달려간다. 그 과정에서 우리는 쉽게 지치고 정체성을 잃고는 한다. 그래서 우리는 나만의 아지트가 필요하다. 아지트는 재충전의 공간이다. 혼자만의 시간을 갖고 내면의 목소리에 귀 기울이며 다시 앞으로 나아갈 힘을 얻는 곳.

아지트는 창의력의 원천이다. 외부의 시선과 기대에서 벗어나 자유롭게 생각하고 실험하는 공간. 거기서 우리는 자신을 더 깊게 이해하고 새로운 아이디어를 발견한다.

아지트는 거창할 필요가 없다. 중요한 것은 그 공간이 나에게 안정감과 영감을 줄 수 있는지다. 작은 책상 한구석, 창가의 작은 의자, 혹은 헤드폰을 끼고 듣는 음악의 세계도 아지트가 될 수 있다. 자신만의 아지트를 활용하는 방법은 다양하다. 취미 생활을 즐기거나, 독서, 명상, 글쓰기 등 자신만의 시간을 가지는 것 모두가 포함된다.

어디든 좋다. 그 공간이 나를 쉬게 하고, 나를 돌아볼 수 있는 곳이라면. 단순한 휴식을 넘어, 자신을 재발견하고 삶의 질을 높이는 중요한 수단이 된다. 아지트에서 보내는 시간은 우리에게 삶의 에너지를 다시 채워주고 일상의 소중함을 일깨운다. 우리 모두 자신만의 아지트를 찾아보자. 소소하지만 확실한 행복이 그곳에 있을 테니까.

우리는 모두 예술가다

우리가 행하는 모든 예술은 견습에 불과하다. 위대한 예술이란 바로 우리의 인생이다.

M.C 리처즈

예술가란 화가나 소설가, 시인, 음악인만을 지칭하는 것이 아니다. 예술이란 일반적인 틀에 얽매이지 않고 자신만의 방식으로 행하는 모든 것을 뜻한다. 누군가는 동네에서 붕어빵을 예술의 경지로 만들고, 누군가는 이발을 섬세한 감각으로 완성한다. 누군가는 인생을 한 편의 드라마처럼 살아간다.

예술은 특별한 사람만이 하는 것이 아니다. 작은 행동 하나에도 감각과 가치가 담길 수 있다. 요리를 하면서, 상품을 진열하면서, 아이를 가르치는 순간도 예술이 될 수 있다. 우리는 각자의 자리에서 자신만의 방식으로 예술을 만들어간다. 우리는 누구나 예술가로 살아갈 수 있다.

예술의 본질은 낯설게 바라보는 것이다. 익숙한 것에서 새로운 가능성을 발견하는 순간, 예술은 시작된다. 편의점 직원이 상품을 배치하는 방식, 요리사가 플레이팅 하는 과정, 학원 선생님이 아이를 가르치는 태도, 회사원이 효율적인 업무 방식을 고안하는 일. 이 모든 것이 예술이 될 수 있다.

우리가 예술가를 예술가라고 부르는 이유는 일반적인 삶을 포기하고, 자신만의 길을 개척했기 때문이다. 더 쉬운 선택을 버리고, 더 값진 가치를 좇았기 때문이다. 쉽게 말해, 한 달에 100만 원을 벌면서 살 수 있음에도, 10만 원을 벌면서 예술 활동을 한다는 것은 그만큼 자신의 활동에 더욱 많은 가치를 매기고 일상의 편의를 포기했음을 의미한다.

하지만 예술은 반드시 모든 것을 내려놓아야만 가능한 것이 아니다. 우리가 일상에서 조금씩 벗어나, 자신만의 시선으로 세상을 바라본다면 누구나 예술가가 될 수 있다.

예술은 특별한 것이 아니다. 자신의 삶에서 새로운 의미를 발견하는 순간, 예술적 삶은 시작된다.

지워진 소년의 기억

우리는 과거의 상처를 통해 성장한다.

오프라 윈프리

다섯 번째 전학이었다. 엄마의 말은 담백했다.

"다시 전학 가야 해. 선생님께 말씀드려."

그 말이 떨어졌을 때, 나는 그저 엄마의 얼굴만 바라보았다. 입술이 바짝 마르고 두 손은 책상 모서리를 꼭 쥐고 있었다. 속이 울렁거렸다. 이사를 가야 한다는 것도, 전학을 가야 한다는 것도, 그 모든 걸 받아들이는 일이 너무 어려웠다.

그곳은 내 세계였다. 야구, 곤충채집, 학교 앞 문방구, 미니카, 오락실. 친구들과 함께 동네를 벗어나면 우리는 탐험가였고, 거침없이 웃었다. 그 시절 나는 행복했다. 매일이 기념일처럼 반짝였다.

결국 나는 아무 말도 전하지 못했다. 며칠 뒤, 선생님의 입을 통해 전했다.

"얘들아, 우리 친구가 전학을 간대. 다들 일어나서 인사해줘."

마음은 울고 있는데 눈물은 나지 않았다. 이상했다. 다시 돌아올 수 있을 거라고 믿었고, 언제든 만날 수 있을 거라고 생각했다. 하지만 다시는 볼 수 없었다. 나는 떠났고, 친구들은 남았다.

새 학교는 낯설었다. 교실의 공기도, 친구들의 말투도, 벽에 붙은 포스터조차 낯설었다. 나는 그 안에서 조용히 숨 쉬는 법을 배워야 했다. 아무도 없는 집으로 돌아가 불 꺼진 방에 가방을 내려놓고 천장을 바라보는 일이 일상이 되었다. 휴대전화도 없던 시절, 어린 내게 수십 킬로 떨어진 장소는 해외나 다름없었다.

중학생이 되고, 고등학생이 되어도 상황은 비슷했다. 축구를 잘했고, 성격도 괜찮았다. 모두가 날 좋아했지만, 친구와 연락을 주고받는 일은 없었다. 그게 이상하다는 생각도 하지 못했다.

그러다 문득 깨달았다. 나는 소년 시절을 삭제당한 사람이었다. 갑자기 자란 어른이 눈앞에 나타나, 자신이 나라고 소리치고 있었다. 그러나 정작 나는 그곳에 없었다. 둘러싼 모든 것에서 동떨어진 채, 바깥으로 밀려나 있었다. 자신을 증명할 관계가 없었다. 그 사실을 깨달았을 때는 어느새 스무 살이 훌쩍 지나 있었다.

누군가 활활 타오르던 내 불꽃을 발로 걷어차 찬물에 빠뜨렸다. 다시 불을 붙여 봐도, 재에 입김을 불어 넣어 봐도, 흙탕물이 된 웅덩이 속에서 타버린 꽃은 다시 피어나지 않았다.

중년이 된 지금, 나는 말끔한 얼굴을 하고 살아간다. 누군가는 나를 밝은 사람이라 말한다. 하지만 그 중심엔 아무것도 없다.

다 타버린 자리, 텅 빈 심장, 불꽃 대신 재만 가득한 기억 속에서 나의 소년은 삭제되었다.

페르소나,
연극은 끝나기 마련

악한 자는 사회 속에서 자신의 악한 성향을 억제하고, 수많은 가면을 써야 한다.

프리드리히 니체 「선악의 저편」

영화나 드라마에서 자주 하는 말이다.

"자 이제, 가면을 벗으시지! 추악한 악마야!"
"양의 탈을 쓴 늑대."

우리는 각자의 역할을 맡아 무대 위에서 연극을 펼친다. 사회 속에서 다양한 '페르소나', 즉 가면을 쓰고 살아간다. 직장에서는 전문가의 가면을, 가정에서는 부모나 자녀의 가면을, 친구들 사이에서는 또 다른 가면을 쓴다. 이 가면들은 때로는 우리를 보호하고, 때로는 사회적 기대에 부응하게 만들며, 때로는 우리의 진짜 모습을 숨긴다. 그러나 연극은 언젠가 끝나기 마련이다. 가면 뒤에 숨은 우리의 진짜 얼굴, 진정한 자아를 마주할 순간이 온다.

가면을 쓰고 사는 것은 편리할 수 있다. 우리의 취약함을 감추고 타인의 기대에 부응하며 세상과 부드럽게 조화를 이루는 방법이 된다. 하지만 어느 순간 깨닫는다. 그 어떤 가면도 내면과 닿아 있지 않다는 사실을.

가령 회사에서는 묵묵히 일하는 성실한 과장으로, 집에서는 가정을 돌보는 아버지로, 친구들 앞에서는 착하고 돈 잘 쓰는 사람으로 살아간다. 그러다 정작 '나'는 어디 있는지 알 수 없다.

가면을 쓰고 사는 삶에는 한계가 있다. 진짜 자신과 멀어질수록, 내면의 평화와 만족도 함께 희미해진다. 내가 정말 원하는 것이 무엇인지, 진짜 감정이 무엇이었는지조차 잊어버린다. 가면 뒤에 숨어 자신을 속이고 사는 것은 결국 더 깊은 외로움과 불행으로 이어진다.

그러니 연극이 끝나기를 기다리지 말고, 용기를 내어 가면을 벗어야 한다. 가면을 벗는다는 것은 자신의 취약함과 불완전함을 인정하는 일이다. 그러나 그것이야말로 우리를 더 강하게 만든다. 진짜 모습을 드러내는 것은 쉽지 않지만, 그것이야말로 진정한 자아를 발견하고 행복을 찾아가는 첫걸음이다.

자신만의 속도로, 조금씩 가면을 벗어보자. 자신을 있는 그대로 받아들이고, 진정한 자신으로 살아갈 용기를 가지자. 가면을 벗고 나면 우리는 자유롭고, 진정으로 행복한 삶을 살아갈 수 있다. 이제 연극은 끝났다. 우리의 진짜 모습으로 살아가는 새로운 삶이 시작된다.

가면을 벗은 채로 살 순 없다. 하지만 적어도 하루 중 잠시라도 맨얼굴로 햇볕을 쬐고 세상을 마주하는 시간을 가지길 바란다.

2장

그래도 세상은 나를 조금씩 바꾼다

흔들리고 아파도 결국 지나가는 마음들

지나가고, 스치고, 사라지는 것들

내 마음은 넘칠 듯 가득 차 있을 때, 병들고 지쳤을 때 음악으로 종종 위로받고 새 힘을 얻었다.

마틴 루터 킹 주니어

우리는 살면서 견디기 힘든 순간을 마주한다. 그것은 피할 수 없는 필연이다. 어떤 위로도 닿지 않는 시간. 가장 소중한 사람의 공감도, 뛰어난 사람의 조언도 아무런 의미가 없는 사건. 아무도 도와줄 수 없고 완전히 혼자가 되어 그 고통과 시간을 인내해야만 하는 시간. 무거운 고독의 숲 한가운데에서 길을 잃은 채, 저 멀리 밝은 빛을 바라보는 시간. 아무도 나를 볼 수 없고, 나만 바깥을 볼 수 있는 이상한 공간.

   그럴 때마다 나는 한 곡의 음악을 듣는다. 이 곡은 20년 가까이 들어도 질리지 않는다.

   일본의 음악가, 류이치 사카모토의 'opus'. 이 음악을 듣고 있으면 거대한 사건을 겪었지만 담담하게 받아들이고 자신만의 길을 묵묵히 걷는 한 사람이 떠오른다. 아무도 없는 황폐한 도시를 걷고, 설원을 지나서, 깊은 숲속 작은 오두막에 도착한다. 모닥불 앞에서 몸을 녹이는, 작지만 강한 인간.

   영화 음악 전문가다운 그의 피아노 선율 속에서 장면이 떠오르고 이야기가 전개된다. 어느새 그가 만들어낸 풍경 속에 서서 주인공의 이야기에 몰입하게 된다. 말이 닿지 않는 순간엔 음악을 듣는 것이 좋다.

   내면의 소리와 가장 흡사한 음악은 때로는 우리를 조용히 안아주고 귀 기울이며 따뜻한 온기를 남긴 채 지나간다. 때로는 나를 아는 누군가보다 말없는 바닷가가, 실체 없이 허공을 떠도는 음악이, 놀이터에서 밝게 웃는 어린아이의 웃음이, 천사처럼 웃고 있는 신생아의 미소가, 더 깊은 평온을 준다.

지친 마음은 '위로'라는 단어가 어울리지 않는다. 그것은 '기다림'도, '체념'도 아니다. 정확히 정의할 수 없지만, 어딘가 '지나간다'에 가까운 감각. 어쩌면 '스친다'에 더 가깝고, 혹은 '동화되고 사라진다'라고 표현할 수도 있을 것이다.

슬픔은 침윤한다. 물이 스며들 듯 천천히 스며든다. 감정이 안에서부터 차오르고, 어느새 나의 일부가 된다. 외부에 있던 것이 아니라, 내면의 환경이 되어버린다. 그 환경이 익숙해지면, 어느 순간 사라진다.

치유는 증발한다. 따뜻한 햇볕에 널어둔 옷가지처럼 느리게 진행된다. 어느 날 무심코 밖으로 나갔다가, 완전히 마른 셔츠에 손이 닿았을 때, 그 촉감에서 우리는 완연한 평온함을 느낀다. 깨끗하게 마른 바닥과 가로수 잎을 뚫고 내려온 햇살이 비춘다. 하늘거리는 푸른 그림자 사이에서 아무 생각 없이 걷는다. 그러다 집으로 돌아와 거울 앞에 선다. 자신도 모르게 미소를 띤 사람과 마주한다. 그 순간 벅찬 행복을 느낀다.

너무 오래 달려온 나에게

당신 자신을 사랑하는 것이 평생 지속될 로맨스의 시작입니다.

오스카 와일드 「자기 자신을 사랑하는 것」

아침 7시 30분, 알람이 울렸다.

눈꺼풀이 천근만근이었다. 일어나야 한다는 건 알고 있었다. 하지만 몸이… 움직이지 않았다. 팔은 무겁고, 다리는 말라붙은 풀처럼 움직이지 않았다. 침대에 누운 채 천장을 바라보다가 겨우 중얼거렸다.

"이러면 안 되는데…."

그래도 일어났다. 샤워를 하고, 셔츠 단추를 채우고, 출근 버스를 탔다. 익숙한 풍경, 익숙한 소리. 그런데 오늘은 모든 게 흐릿하게만 보였다.

회의 시간에도, 눈앞의 엑셀 파일을 보고 있어도, 마음은 도무지 집중되지 않았다. 점심을 먹고 돌아와서도 멍한 상태. 시간은 흘렀고, 아무 일도 하지 않은 채 퇴근 시간이 되었다.

집으로 돌아오는 길, 창밖을 바라보다 혼잣말처럼 중얼거렸다.

"오늘도 아무것도 못 했네…."

그날 밤, 침대에 앉아 조용히 휴대전화를 내려놓았다.

'내가 왜 이러지?'
'게을러진 걸까? 무능력해진 걸까?'

잠시 후 떠오른 단어 하나.

번아웃.

나는 분명히 열심히 했다. 조금만 더, 조금만 더, 늘 그렇게 버텨왔다. 쉬지 않고 달려왔다. 그런데 지금은… 더 이상 한 발짝도 내딛기 힘들다.

'몸이 아니라 마음이 피곤한 거였구나.'

멈추는 게 두려웠다. 쉬면 안 될 것 같았다. 세상이 나를 추월할 것만 같았다. 다시 시작하지 못할 것만 같았다.

하지만 문득 떠오른 장면 하나. 마라톤 선수. 결승선을 향해 달리는 그들이 숨을 고르기 위해 물을 마시고 속도를 조절하는 순간.

'나도 잠깐 멈춰도 되지 않을까?'

거울 앞에 섰다. 초췌한 얼굴. 텅 빈 눈빛. 입가에 조용히 말해주었다.

"나는 충분히 잘해왔어. 이제 좀 쉬어도 돼."

그렇게 말하고 나니, 어깨가 조금 가벼워졌다.
다음 날, 알람을 끄고 이불 속으로 다시 들어갔다. 오늘 하루는 그저 쉬기로 했다. 무언가를 하지 않아도 괜찮다고, 조금 늦어져도 괜찮다고 스스로를 설득하면서.

진짜로 멈춰야 할 타이밍은 더 이상 앞으로 나아갈 수 없을 때가 아니라 더 나아가기 위해 준비해야 할 때라는 것을.

우리는 조금 늦어져도 결국 다시 걸어갈 거니까.

누군가에게 친절을 베푼다는 거

친절은 누구나 줄 수 있는 선물이며, 그것은 늘 누군가의 마음에 오래 남는다.

마야 안젤루

친절은 거창한 게 아니다. 버스에서 무거운 짐을 든 사람에게 자리를 양보하는 것, 길을 묻는 사람에게 웃으며 방향을 알려주는 것, 편의점에서 계산이 늦어지는 손님을 기다려주는 것. 잠시 멈춰서 아주 작은 배려를 건네는 것뿐인데, 때로는 예상보다 더 큰 영향을 주기도 한다.

편의점에서 계산을 하려는데, 앞에 있던 할머니가 지갑을 뒤적거리고 있었다. 동전 몇 개를 세며 고민하는 모습이었다. 나는 기다리는 동안 잠시 핸드폰을 보다가, 무의식적으로 말했다. "제가 천 원 드릴까요?" 할머니는 깜짝 놀란 눈빛이었지만, 곧 미소를 지으며 말했다. "괜찮아, 금방 찾을 거야." 몇 초 뒤, 지갑에서 천 원이 나왔다. 뒤이어 나도 계산을 하고 편의점을 나서는데 할머니가 나를 붙잡았다. "아까 그 말, 고마웠어. 요즘은 다들 바빠서 이런 말도 잘 안 하더라고." 순간 멋쩍어서 웃기만 했는데, 그때 깨달았다. 내가 천 원을 건네려 한 게 중요한 게 아니었다. 그저 누군가가 도와주려 했다는 사실 자체가 누군가에게는 힘이 된다.

친절이란 게 그렇다. 우리는 "이게 정말 도움이 될까?"를 먼저 고민하지만, 사실 중요한 건 '그 마음을 전하는가'다. 작은 행동 하나로 누군가의 하루가 조금 더 따뜻해질 수도 있고, 생각지도 못한 순간에 위로를 받을 수도 있다.

어떤 날은 내가 친절을 베푸는 사람이 되고, 어떤 날은 내가 그 친절을 받는 사람이 된다. 그렇게 주고받으며 살아가는 것.

어쩌면 그것이 우리가 서로를 버티게 해주는 방식일지도 모른다.

감사한 마음으로

감사는 삶의 충만함을 여는 열쇠입니다. 우리가 가진 것을 충분하게 만들고, 더 많은 것을 가져다줍니다.

멜로디 비티

고맙다는 말을 더 자주 해야겠다고 생각한 적이 있다. 그런데 이상하게도 쉽지 않다. 단순한 인사처럼 건넬 때는 가볍지만, 마음 깊이 감사할 때는 오히려 말이 쉽게 나오지 않는다.

아침부터 우울했던 어느 날, 이유 없이 기분이 가라앉고 뭘 해도 마음이 풀리지 않는 하루. 늦은 오후, 습관처럼 카페에 들러 커피를 주문했는데, 바리스타가 환하게 웃으며 "좋은 하루 보내세요!"라고 말했다. 그 말이 그렇게 따뜻하게 들릴 줄 몰랐다. "네, 감사합니다"라고 얼른 대답했지만, 사실은 "덕분에 기분이 좀 나아졌어요"라고 말하고 싶었다.

감사는 받는 사람보다 주는 사람이 더 행복해진다고 한다. 나도 그런 순간을 여러 번 겪었다. 회사에서 지칠 때, 동료가 내 몫까지 커피를 사 오며 "너 요즘 바쁘잖아"라고 했을 때, 버스를 타려다 지갑을 두고 온 걸 깨닫고 당황할 때, 뒤에 있던 아저씨가 대신 요금을 내주며 "나중에 다른 사람한테 베풀면 돼요"라고 했을 때, 그럴 때마다 "아, 세상이 아직 따뜻하구나" 싶었다.

우리는 늘 누군가의 친절 속에서 살아간다. 별일 없는 하루도, 사실은 많은 이들의 작은 배려가 쌓인 덕분일지도 모른다. 아침에 마신 커피 한 잔, 버스 기사님의 안전운전, 편의점 알바

생의 환한 인사, 동료의 작은 배려, 친구의 짧은 안부 문자. 다들 바쁘고 지친 하루를 살면서도, 결국 우리는 서로에게 힘이 되는 존재들이다.

   그래서 요즘은 '고마워'라는 말을 더 자주 하려고 한다. 별거 아닌 것 같지만, 고맙다는 말을 듣는 순간 사람은 조금 더 따뜻해진다. 그리고 감사할 줄 아는 마음을 가질 때, 내가 받은 따뜻함을 또 다른 누군가에게 전할 수 있다. 그러다 보면, 세상은 조금 더 살 만한 곳이 될지도 모른다.

   그러니까 오늘도 감사한 마음으로 살아가려고 한다. 누군가 내게 건넨 작은 친절에 진심을 담아 고맙다고 말하면서.

상실의 시대,
어둠 속을 걷는 이유

지옥을 통과하고 있다면, 계속 걸어가라.

윈스턴 처칠

'상실의 시대'. 무라카미 하루키의 소설 '노르웨이의 숲'이 한국에 출간될 때 붙여진 제목이다. 지금은 많은 사람들이 제목만 다른 동일한 소설이라는 걸 알고 있지만 상실의 시대라는 제목이 더 와닿고 무언가 가슴속의 뜨거운 감정을 자극한다.

이 작품은 상실의 연속이다. 나오키의 자살, 병상에 누운 미도리 아버지와 오이에 관한 대화, 레이코의 비정상적인 과거의 회상, 자살한 친구 기즈키, 자신을 동정하지 말라는 나가사와 선배. 그리고 그의 여자 친구 하쓰미는 결국 자살, 사라진 친구 돌격대. 소설 속 인물들은 끊임없이 사라지고, 떠나고, 상실된다. 출판사가 붙인 이 제목은 소설의 핵심을 관통한다. 하루키는 '노르웨이의 숲'이란 제목으로 인간관계, 사회, 인간, 사랑, 고독, 인생을 은유적으로 표현했을지도 모른다. 그러나 상실이든, 숲이든, 결국 그것은 고독, 보이지 않음, 어둠, 그리고 혼돈을 의미한다.

삶의 여정은 때때로 어둠 속을 걷는 것과 같다. 불확실성, 상실, 그리고 깊은 절망이 그 길을 가득 메운다. 그러나 하루키는 묻는다.
"그럼에도 불구하고, 우리는 왜 계속 걸어야 하는가?"

우리가 살아가는 이유는 각자 다를 것이다. 사랑, 성취, 자기 자신과의 화해. 그러나 결국 우리는 빛을 찾기 위해 걷는다. 우리는 이 빛, 즉 우리 삶의 의미를 찾기 위해 끊임없이 탐색한다. 그 과정에서 우리는 상실을 경험하고 때로는 절망에 무너진다. 그러나 하루키의 말처럼, 어둠 속에서도 계속 걸어가는 것이 중요하다.

상실의 시대를 살아가는 우리는 자주 방향을 잃고, 왜 이 길을 걷고 있는지 의문을 가진다. 우리가 찾는 '이유'는 늘 명확하지 않으며, 때로는 그 존재조차 의심스럽다. 그러나 이유를 찾는 과정 자체가 인생의 본질이다.

하루키의 '상실의 시대'는 우리에게 어둠을 넘어서는 방법을 제시한다. 그것은 바로 어둠 속에서도 빛을 향해 계속 걸어가는 용기다. 우리가 걸어가는 이 길은 결국 우리 자신을 발견하는 과정이며, 우리 삶의 진정한 의미를 찾아가는 여정이다. 우리는 이유를 찾기 위해 살아간다. 그 이유가 쉽게 보이지 않더라도, 그 여정 속에서 우리는 더 강해지고, 더 깊이 있는 존재가 된다.

'상실의 시대'는 우리에게 속삭인다. 어둠 속에서도 끝까지 걸어가라. 그 끝에서, 우리가 오랫동안 찾아 헤맨 빛이 기다리고 있을 테니까.

사라진 곳, 남겨진 기억

우리가 떠난 후에도 살아남는 것은 우리가 남긴 사랑이다.

미치 앨봄 「천국에서 만난 다섯 사람」

'언젠가 꼭 가야지, 가야지' 했지만, 가지 못했던 곳이 있다. '박하사탕 펜션'. 영화 '박하사탕'의 촬영지였던 그곳은 나중에 영화 제목을 따와 펜션이 되었다. 영화 속 영호가 마지막으로 서 있던 그 철길 옆, 덩그러니 놓여 있던 공간. 나는 한동안 그곳을 가고 싶었다. 마음만 먹으면 갈 수 있었지만, 이상하게도 계속 미뤘다. 대신 네이버 지도에서 종종 들여다봤다. 사진 속 낡은 펜션을 보며, 언젠가는 꼭 가겠다고 생각했다. 영화의 마지막 장면처럼, 기찻길에 서서 나지막이 외쳐보고 싶었다. "나 돌아갈래!"

그런데 어느 날, 다시 지도를 켜보니 펜션이 사라져 있었다. 그곳은 이제 아무것도 없는 공간이 되어 있었다. 그곳에 가지 못한 사람과 사라진 곳.
있을 땐 가보지 않으면서, 사라지고 나면 그때서야 안달이 난다. 펜션이 존재할 때는 '언젠가 가야지'하고 미루다가, 정작 사라진 걸 확인하니 어딘가 상실감이 몰려왔다.

'박하사탕 펜션'이라는 이름 자체가 묘한 감성을 품고 있었다. 철길 옆 작은 펜션에서, 영화 속 한 장면을 떠올리며 하룻밤 묵는 경험. 실제로 영화와 같지는 않았을지라도, 어딘가 시간의 흐름이 느려질 것만 같은 공간이었다.
그러나 이제 그곳은 없다. 펜션은 무너졌고, 시간이 쌓여 있던 장소는 흔적 없이 사라졌다. 시간은 흐르고, 기억만 남는다. 어쩌면 영화 박하사탕과 닮은 결말일지도 모른다. 어떤 공간은 사라지고, 어떤 시간은 돌이킬 수 없고, 어떤 감정은 다시는 돌아오지 않는다.

그곳에서 "나 돌아갈래!"라고 외쳐보려던 계획은 물거품이 되었지만, 나는 여전히 그 장면을 마음속에서 재생할 수 있다. 그 철길, 그 풍경, 그리고 그때의 감성. 펜션은 사라졌지만, 기억은 남았다.

나는 오늘도 네이버 지도에서 그곳을 검색해 본다. 아무것도 없다는 걸 알면서도.

새벽의 온기

새벽은 하루 중 가장 조용한 시간이다. 그 시간은 우리에게 새로운 시작을 선물한다.

루이스 L. 헤이

야근이 길어졌다. 컴퓨터를 끄고, 가방을 둘러메고, 사무실을 나서니 시계는 새벽 1시가 지나 있었다.

회색빛 도로 위로 바람이 스쳤다. 어깨를 누르던 피로보다, 속을 파고드는 공허함이 더 컸다. 무언가 먹고 싶었다. 지금 이 시간, 내가 바라는 건 따뜻한 국물. 진짜 무언가를 삶아낸 냄비,

그 안에서 끓고 있는 시간의 맛이었다.

예전 같았으면 고민할 필요도 없었다. 회사 근처 분식집, 순댓국집, 기사식당. 불빛은 언제나 있었고, 그 안엔 늘 사람과 온기가 있었다. 언제나 "어서 오세요"라고 말하던 사장님의 익숙한 말투, 김이 서린 유리창, 그 너머 테이블에 기대앉아 묵묵히 국물을 떠먹던 사람들.

하지만 그날, 거리는 이상했다. 너무 조용했다. 불 켜진 가게는 하나도 보이지 않았다. 가로등만 희미하게 번지고, 나처럼 길을 걷는 사람은 어디에도 없었다.

몇 블록을 걸었을까. 가장 밝게 빛나는 건 편의점 간판뿐이었다. 문을 열었다. 익숙한 냉장고 소리, 전자레인지가 돌아가는 기계음, 사람 없는 공간을 메우는 기계의 숨결. 컵라면 하나를 골랐다. 뜨거운 물을 붓고, 조그만 플라스틱 테이블에 앉았다. 김이 피어올랐다. 손을 녹이려 손잡이를 감쌌다. 한 숟가락, 두 숟가락. 뜨겁고 짭짤한 국물. 그런데 이상하게 허기는 채워지지 않았다.

나는 그제야 깨달았다. 그리운 건 음식이 아니라 그때 그 순간들이었다. 주방에서 나던 웅성거림, 묵묵히 밥을 먹던 사람들 사이의 숨결, 그리고 "추운데 얼른 앉아요"라며 숟가락을 내밀던 아주머니의 손길.

편의점은 편리하다. 24시간, 언제든 갈 수 있다. 하지만 그곳엔 없었다. 누군가와 엇갈리며 밥을 먹는 그 시간, 서로를 위해 국을 데우고, 반찬을 내던 그 시간만의 따뜻함이.

나는 컵라면을 다 먹고도 한참을 그 자리에서 움직이지 못했다.

창밖엔 여전히 도시의 불빛이 반짝였고, 나는 조용히 앉아 야근할 때마다 자주 가던 순댓국집을 떠올렸다. 가끔은 새벽의 허기를 채워줬던 그곳이 그립다.

날개를 접은 새

자유는 책임을 의미한다. 그래서 대부분의 사람들이 그것을 두려워한다.

조지 버나드 쇼 「혁명가를 위한 격언」

20년 전, 대학교 영상 과제를 위해 한 동물원을 찾았다. 사실 동물원이라 부르기에도 민망할 정도였다. 늙고 힘이 빠진 사자와 호랑이, 울타리를 쥐고 소리치는 원숭이, 그곳에 정착해 새끼를 낳고 살아가는 오리와 고니들, 제자리걸음만 반복하는 미쳐가는 코끼리, 아랑곳하지 않고 철창 사이를 돌아다니는 까치와 참새, 절대 땅으로 내려오지 않고 저 높은 상공에서 날개를 펼친 채 관찰하는 독수리, 침을 뱉고 노려보는 낙타까지. 정말이지, 이상한 곳이었다.

한참 촬영을 하다 문득 깨달았다. 이곳의 풍경은 우리와 닮았다. 동물원이라는 공간은 자유에 대한 철학적 메타포였다. 갇힌 자, 자유를 알면서도 포기한 자, 자유를 오가는 자, 그리고 완전한 자유를 누리는 자. 동물원의 모습을 보며 인간의 삶을 떠올리지 않을 수 없었다.

첫 번째, 갇힌 자. 자신의 현실에 순응하며 주어진 환경에서 벗어날 생각을 하지 못하는 존재. 철창 안에서 반복적으로 움직이는 코끼리, 울타리를 붙잡고 소리치는 원숭이처럼 그들은 사회적, 정신적 제약 속에서 자유를 인식하지 못한 채 살아간다.

두 번째, 자유를 알지만 포기한 자. 천장도 울타리도 없다. 그러나 떠나지 않는다. 오리와 백조처럼 안정과 편안함을 자유보다 우선시하는 존재. 이들은 스스로 갇힌 삶을 선택하고 자신의 잠재력 탐색을 꺼린다.

세 번째, 자유를 오가는 자. 까치와 참새처럼 사회적 구조 안팎을 유연하게 오가며 자유와 제약 사이에서 자신의 길을 찾아간다. 이들은 자유의 가치를 인식하고, 적극적으로 삶에 적용한다.

네 번째, 완전한 자유를 누리는 자. 독수리나 이름 모를 야생동물처럼 어떠한 울타리도 필요하지 않은 존재. 그들은 철저히 독립적이며, 자신의 선택에 따라 세상을 살아간다.
자유는 단순히 물리적, 외부적 조건이 아니라 개인의 내적 태도와 선택에 의해 결정된다.

나는 어떤 유형일까. 그리고 우리는 대부분 어떤 삶을 살고 있을까. 나를 포함한 대부분의 사람들은 두 번째 유형일 것이다. 날아갈 수 있는 조건을 가졌음에도, 편안한 인공호수 속에 정착한 채 살아가는 삶. 자유를 원하지만 동시에 안정도 놓칠 수 없는 삶.

   그러나 언젠가는 바닷가에 작은 집 하나 마련해 그곳에서 영원히 살고 싶다. 그날이 온다면 나는 비로소 독수리처럼 날아갈 수 있을까.

아름다움을 말하는 시간

미는 어디에나 있다. 다만 우리의 눈이 그것을 알아보지 못할 뿐이다.

오귀스트 로댕

아름다움은 일상에 있다. 집 근처 작은 산에서, 인도에 늘어선 가로수에서, 아침 햇살과 저녁의 노을에서, 캠핑장에서 바라보는 바다와 하늘에서, 아파트 단지 내의 작은 공원에서도 우리는 아름다움을 발견한다.

그것뿐만 아니라 아름답게 지어진 높은 건물이, 미술관에 걸린 예술품에서도, 음악당에서 울려 퍼지는 오케스트라의 선율에서도, 서점에서 발견한 나만의 책에서도 우리는 아름다움을 발견한다.

우리는 곳곳에서 아름다움을 발견한다. 아름다움을 찾는 과정은 자기 내면을 더 깊이 이해하고 무언가에 기대어 쉴 수 있는 힘이 된다. 그것은 크거나 화려한 것이 아닐지도 모른다. 때로는 소소하고, 미세하고, 조용한 모습으로 우리 곁에 머문다. 그러나 우리는 너무 자주 그것을 놓치고 만다.

프랑스의 유명 예술가 로댕은 이렇게 말했다.
"나는 조각을 하는 것이 아니라, 대리석 속에 갇힌 아름다움을 캐어내는 것이다."

아름다움은 만들어지는 것이 아니라, 발견하는 것이라고. 그가 말했듯이 아름다움은 우리 주변에 있다. 다만 우리가 발견하지 못했을 뿐이다. 자신만의 기준을 갖고 주변에 있는 미를 하나씩 찾아가는 재미는 삶의 활력소이자, 살아가는 이유가 되기도 한다.

최근에는 미루던 것들을 실행에 옮겼다. 미술관을 가지 못했다. 바다나 강도, 계곡도. 그래서 무작정 떠나기로 했다. 장바구니에만 담아뒀던 각종 낚시도구를 모두 결제했다. 이런저런 핑계를 대며 미루었던 것들을 바로 실행으로 옮겼다. 모든 걱정은 뒤로 하고 바다에서 아름다움을 발견할 것이다. 그리고 일상에 지쳐 미루고 미루던, 마음의 언저리를 간지럽히는, 어쩌면 부끄러운 말을 하고 싶다.

넌 정말 아름답다고, 바라만 봐도 즐겁다고.
언제나 거기 있었는데, 내가 보지 못했을 뿐이라고.

새벽 공기의 차가운 신선함

아침은 우리에게 또 다른 기회를 준다. 어제의 실수를 고치고, 오늘을 새롭게 시작할 수 있는 기회다.

조지 엘리엇

술을 마셨다. 적당히, 기분 좋게.
잔을 털고 가게를 나섰을 때, 공기가 묘하게 달라져 있었다. 밤과 아침이 엉켜버린 시간, 하늘은 오묘한 색으로 퍼져 있었다.

출근하는 사람과 퇴근하는 사람이 뒤섞인 거리. 누군가는 하품을 하며 버스를 기다리고, 누군가는 편의점 삼각김밥을 허겁지겁 뜯고 있었다. 그리고 그들 중 하나, 나도 있었다.

술자리의 열기는 아직 몸에 희미하게 남아 있고, 발걸음은 가벼운 듯 무거웠다. 이제 집에 가야 했지만, 막상 가려니 조금 아쉬웠다. 이 새벽의 분위기, 그 안에 더 머물고 싶었다.

아무도 없는 횡단보도를 건너며 생각했다. '집 가서 라면 먹어야지.' 속이 쓰릴 걸 알았다. 하지만 지금은 그보다 뜨거운 국물이 간절했다. 먹고 후회하자. 지금은 먹는 게 먼저다.

집에 도착하자마자 가방을 바닥에 툭, 옷을 아무렇게나 벗어 던지고 부엌으로 향했다. 익숙한 손길로 냄비에 물을 붓고 라면 봉지를 뜯었다. 면을 넣고 계란을 슬쩍 풀어 넣고 후추를 톡톡 뿌렸다. 보글보글, 익어가는 냄새.

국물 한 숟갈을 떠먹는 순간, 세상은 다시 원래대로 돌아왔다. 조금 전까지의 감성, 횡단보도 위에서의 센치함? 다 필요 없었다. 지금은 그냥, 정말 맛있었다.

샤워를 마치고 머리를 수건으로 훑었다. 이불 속에 몸을 쑥 묻고 TV를 켰다. 채널을 휙휙 돌렸다. 어디선가 일상이 또 시작되고 있었다.

창밖은 이미 환했다. 출근길 사람들, 분주한 자동차 소리, 세상은 본격적인 하루를 시작하고 있었다. 하지만 나는 이제야 하루를 마무리하고 있었다.

그렇게 하루가 끝났다.

이런 밤이 또 올까?

아마도.

그러니까 오늘은 그냥 푹 자자.

다음 새벽이 오기 전까지는.

말보다 오래 남는 것

사람은 당신이 한 말을 잊을 수 있지만, 당신이 그들에게 어떻게 느끼게 했는지는 절대 잊지 않는다.
마야 안젤루

요즘은 손 편지를 쓸 일이 거의 없다. 연락이 필요하면 카톡을 보내고, 생일이 다가오면 모바일 기프티콘을 보낸다. 간단한 감사 인사도 이모티콘 하나면 충분하다. 그런데 가끔, 정말 가끔 손 편지를 쓰고 싶어질 때가 있다.

펜을 들고 종이를 꺼내 한 글자, 한 글자 적어나가는 과정은 생각보다 어색하다. 키보드로는 아무렇지도 않게 쓸 수 있는 말들도, 직접 손으로 쓰려고 하면 이상하게 망설여진다. "잘 지내?"라고 적었다가 "어떻게 지내?"로 바꾸고, 문장을 몇 번이나 고쳐본다. 평소에 너무 쉽게 말을 흘려보냈던 게 아닐까.

  손 편지를 쓸 때는 자연스럽게 상대를 떠올리게 된다. 말투는 어떤지, 어떤 말을 좋아할지, 문장을 읽고 어떤 표정을 지을지. 단순한 인사가 아니라, 진짜로 그 사람을 떠올리며 한 글자 한 글자 적어나가는 것. 그게 손 편지의 묘한 매력이다.
  편지를 다 쓰고 나면, 글씨를 다시 한번 훑어본다. 삐뚤빼뚤한 글씨, 괜히 과하게 눌러쓴 부분, 중간에 틀려서 지우개로 문지른 흔적. 이 편지는 오직 한 사람만을 위한 것이다. 카톡처럼 '읽음' 표시도 없고, 문자처럼 바로 답장이 오지도 않는다. 하지만 언젠가 상대가 이 편지를 펼쳐볼 때, 내 마음이 전해질 거라는 믿음이 있다.

  누군가를 위해 손 편지를 쓴다는 건, 마음을 천천히 꺼내어 정리하는 일이다. 급하게 보내는 메시지가 아니라, 시간이 걸리는 따뜻한 과정이다. 그래서 손 편지는 쉽게 지워지지 않는다. 말보다 오래 남고, 문자보다 진하게 기억된다.

이제는 편지를 받을 일이 드문 시대다. 하지만 그럴수록 손 편지를 받은 사람은 오래도록 그 순간을 기억할 것이다. "아, 이 사람이 나를 떠올리면서 직접 손으로 적었구나"라는 생각만으로도 마음이 따뜻해질 테니까.

지하철에서 우연히 들은 대화

진실은 소박한 사람들의 입에서 나오는 경우가 많다.

제임스 러셀 로웰

퇴근길, 지하철에 올라타자마자 이어폰을 찾았다. 그런데 배터리가 다 돼 있었다. 순간 머릿속이 하얘졌다. 이 길고 지루한 시간을 음악도 없이 보내야 한다니. 어쩔 수 없이 핸드폰을 만지작거리며 창밖을 바라보다가, 자연스럽게 주변 소리에 귀가 쏠렸다.

옆자리에 앉은 두 사람이 조용히 이야기를 나누고 있었다. 한 사람은 40대쯤 되어 보이는 여자였고, 다른 한 사람은 20대 초반 정도의 젊은 여자였다.

"진짜 너무 힘들었어요."

젊은 여자의 목소리는 작았지만, 어쩐지 마음이 잔뜩 지쳐 있는 게 느껴졌다.

"그럴 때도 있는 거지. 근데 신기한 게 뭔 줄 알아?"
"뭔데요?"
"어떤 순간들은 지나고 나면 별거 아니야."

나는 자연스럽게 시선을 옆으로 돌렸다. 40대 여자는 미소를 띠고 있었다. 젊은 여자는 조용히 고개를 끄덕이면서도 여전히 표정이 어두웠다.

"그런데 그땐 너무 진지했겠죠?"
"그럼. 세상에서 제일 중요한 문제처럼 느껴지지. 근데 말이야, 지나고 나면 그때 왜 그렇게 힘들어했나 싶을 때가 많아.

결국 다 지나가더라."

나는 그 말을 듣고 순간 가만히 손을 내려다봤다. 사실 요즘 나도 비슷한 고민을 하고 있었다.

'이렇게 살아도 되는 걸까?'
'나는 잘하고 있는 걸까?'

불안감이 마음 한구석을 무겁게 눌러오던 참이었다. 그런데 저 사람 말대로, 이 고민도 언젠가는 그냥 '아, 그땐 그랬지'라고 넘길 수 있을까?
지하철이 다음 역에 도착하자 두 사람은 함께 자리에서 일어났다. 젊은 여자는 조금 가벼운 표정이었고, 40대 여자는 여전히 차분한 얼굴이었다. 나는 그들이 내리는 걸 보며 괜히 마음속으로 혼잣말을 했다.

"이거, 내 얘기였나?"

이어폰이 있었으면 못 들었을 이야기. 어쩌면 배터리가 다 된 게 오늘 가장 다행이었을지도 모른다.

이렇게 살아도 괜찮을까?

꿈이 실현될 가능성이 있기 때문에 삶은 흥미로운 것이다.

파울로 코엘료 「연금술사」

요즘은 하루에도 몇 번씩 이런 생각이 든다.
"이렇게 살아도 괜찮을까?"

취업은 하늘의 별 따기라는데, 대기업은 신입 채용을 줄이고, 공무원은 더 이상 안정적인 직장이 아니며, 자영업은 망하는 게 기본값이라는 뉴스가 쏟아진다.

그러다 보면 나는 어디로 가야 하는 걸까, 어떤 선택이 정답일까, 어디서부터 잘못된 걸까. 머릿속이 복잡해진다.

누구는 "꿈을 좇아야 해"라고 하고,
누구는 "현실을 봐야지"라고 한다.
누구는 "회사에 다녀야지"라고 하고,
누구는 "이젠 1인 시대야"라고 한다.

그런데 웃긴 건, 그 누구도 확실한 정답을 모른다는 거다. 어른이 되면 알 줄 알았다. 진로도, 직업도, 인생도. 하지만 막상 어른이 되고 보니, 우리는 여전히 "이게 맞나?"를 고민하며 하루하루를 살아가고 있다.

가끔은 내가 너무 뒤처진 건 아닐까 불안해진다. 주변을 보면 다들 뭔가를 하고 있는 것 같고, SNS 속 사람들은 더 멋진 삶을 살고 있는 것 같다. 그런데 정작 나만 제자리인 것 같은 기분이 들 때, 그때부터 진짜 힘들어진다.

하지만, 정말 우리는 뒤처지고 있는 걸까? 주변 사람에게 고민을 털어놓으면 "나도 그래"라는 대답이 돌아온다. 회사 다니는 친구는 "진짜 힘들다. 퇴사하고 싶어"라고 하고, 프리랜서 친구는 "불안해서 오래 못 할 것 같아"라고 한다. 취준하는 친구는 "내가 갈 자리가 있을까?"라고 하고, 직장을 구한 친구는 "이게 내가 원하던 삶일까?"라고 한다.

모두가 애쓰고 있다. 다들 각자의 자리에서 힘들어하고 있다. 나도 그렇게까지 뒤처진 게 아닐지도 모른다. 그냥 지금을 버티는 것만으로도 충분히 잘하고 있는 걸지도 모른다.

어디로 가야 할지 몰라서 가끔은 멈춰 서는 날이 있다. 그래도 괜찮다. 모든 길이 빠르게 나아가는 것만이 정답은 아니다. 조금 더 천천히 가도 괜찮다. 때로는 길을 찾기 위해 천천히 걸어야 할 때도 있다. 때로는 그냥 쉬어갈 때도 필요하다. 때로는 방향을 바꿀 수도 있다.

우리는 늘 무언가를 해야 한다는 강박 속에서 살고 있지만,

아무것도 하지 않는 하루가 오히려 우리를 성장시키기도 한다. 그리고 이렇게 불안해하면서도 살아가고 있다는 것 자체가 이미 충분히 대단한 일이다. 그러니까 오늘은 그냥 이렇게 말해주고 싶다.

"너, 지금 충분히 잘하고 있어."

취업이 안 돼도, 지금 하는 일이 재미없어도, 앞으로 어떻게 살아야 할지 모르겠어도, 괜찮다. 어차피 모두가 답을 모르는 시대다. 우리는 그냥, 오늘 하루를 버티면서 조금씩 앞으로 가고 있는 것만으로도 이미 충분히 잘 살고 있다.

그러니 오늘 하루를 잘 버틴 당신.
진짜로 수고 많았어.

그럼에도, 나는 사랑을 믿는다

우리는 사랑을 포기하지 않는다. 우리는 사랑할 수 있는 환경을 잃었을 뿐이다.
> 알랭 드 보통 「왜 나는 너를 사랑하는가」

요즘은 연애를 하지 않는 사람이 늘고 있다. 굳이 연애를 하지 않아도 충분히 행복하다고 말하는 사람들. 어떤 이들은 '초식', '절식' 같은 말로 그 흐름을 설명하지만 나는 그보다 더 본질적인 질문을 던지고 싶다.

"우리는 지금, 왜 사랑을 망설일까?"

비용 때문일 수도 있다. 데이트 한 번, 선물 하나도 가볍지 않은 요즘, 경제적인 현실은 사랑의 낭만을 쉽게 갉아먹는다.

피로 때문일 수도 있다. 서로를 알아가고, 맞추고, 기대고, 때론 오해하고 싸우고, 다시 풀어야 하는 감정의 롤러코스터.

그 모든 과정이 버겁게 느껴질 수 있다. 그리고 무엇보다 혼자여도 괜찮은 시대이기 때문일지도 모른다. 혼자 여행하고, 혼자 밥을 먹고, 혼자 살 집을 구하고, 혼자서도 충분히 즐거운 삶을 살아가는 사람들이 많아졌다.

연애는 필수가 아닌 선택이 되었고, 사랑은 더 이상 '해야만 하는 일'이 아니게 되었다.

그럼에도 불구하고, 나는 여전히 생각한다. 사랑은 누군가의 삶에 깊이 스며들 수 있는 감정이고, 그 자체로 사람을 조금 더 사람답게 만드는 일이라는 것을.

내가 믿는 사랑은 서로 행복하기 위해 하는 것이다. 나 혼자의 만족이나 기쁨이 아니라, 서로가 함께 있음으로써 더 나아지는 상태.

 사랑은 결국 두 개의 고립된 삶이 하나의 세계를 만들어가는 과정이다. 그리고 그 끝에는 '연애'라는 이름이 붙을 수도 있고, '가족'이라는 형태로 이어질 수도 있다. 하지만 가장 중요한 건 그 관계 안에서 각자가 더 좋은 삶을 살아가고 있느냐는 것이다. 그래서 나는 요즘의 연애를 바라보며, 다시 질문한다.

 "사랑은 정말 필요 없는 걸까?"

 아닐 것이다. 사람들이 사랑을 원하지 않는 게 아니라, '사랑할 수 있는 환경'이 부족해진 것이다. 시간도 없고, 여유도 없고, 마음 둘 곳도 없는 시대에 사랑은 점점 '사치'처럼 느껴진다.
 하지만 사랑은 단순한 연애를 넘어 삶을 함께 나누는 태도이고, 그것이 지속된다면 두 사람이 함께 만들어가는 하나의 집, 하나의 공동체가 된다.
 나와 네가 만나 '우리'가 되는 일. 그 안에서 생기는 웃음, 안도, 그리고 아주 단순한 평온함. 그게 사랑이 주는 행복이고, 결국 우리가 연애를 통해 바라는 것도 그런 감정 아닐까.

이 시대의 연애는 선택일 수 있다. 하지만 그 선택이 서로의 행복을 위한 것이라면, 그건 여전히 아주 오래된 방식의 사랑이고, 지금도 유효한 이유다.

사랑은 안 해도 괜찮지만, 할 수 있다면 조금 더 따뜻한 세상을 함께 살아갈 수 있게 해주는 가장 오래된 위로일지도 모른다.

나중에 나도 그 자리에 설 테니까

우리는 서로에게 연결되어 있습니다. 내가 되어야 할 사람이 되기 위해서는, 당신이 되어야 할 사람이 되어야 합니다.

마틴 루터 킹 주니어

점심시간, 가까운 분식집에 들렀다. 키오스크 앞에 사람들이 줄을 서 있었다. 요즘은 어느 식당이든 키오스크가 먼저 반겨준다. 그 앞에서 메뉴를 고르고, 결제를 하고, 번호표를 뽑아야만 음식을 받을 수 있다.

나는 익숙한 손길로 버튼을 누르다가 옆줄에서 움직임이 없는 걸 느꼈다. 한 어르신이 키오스크 앞에 서 있었다. 잠시 고민하는 듯하더니, 메뉴 화면을 터치했다가 다시 뒤로, 또다시 앞으로. 그 반복이 몇 번이나 이어졌다. 화면은 계속 바뀌고 있었지만, 손은 점점 머뭇거렸다. 주변 사람들은 눈길 한번 주지 않은 채 스마트폰에 시선을 고정하고 있었고, 가게 직원들은 주방 안에서 바쁘게 움직이고 있었다.

그 어르신은 결국 키오스크 앞에서 조용히 뒤를 돌아보았다. 작게 한숨을 쉬었고, 그 모습이 조금 쓸쓸해 보였다.

그때 줄 뒤쪽에 서 있던 학생 한 명이 조심스레 다가가 작은 목소리로 말했다.

"어르신, 어떤 거 드시고 싶으세요?"

어르신은 머쓱한 표정으로 대답했다.

"그냥… 떡볶이 하나…."

학생은 익숙하게 메뉴를 누르고 카드를 받아 결제를 도와드

렸다. 번호표를 건네받은 어르신은 고개를 몇 번이나 숙이며 고맙다는 말을 반복했다.

그 장면을 보고 나서야 내가 지금 얼마나 아무렇지도 않게 이 시스템에 적응했는지를 깨달았다. 불편함이 줄어든 대신, 누군가 도움을 청하기는 더 어려워졌다. 누군가가 어려움을 겪는 순간, 그건 '개인의 문제'가 되어버리기 쉬운 시대다.

나는 아직 젊다. 키오스크 앞에서 망설이지 않고, 은행 앱도 쉽게 다루고, 병원 예약도 모바일로 한다. 하지만 이 익숙함이 언젠가 낯설어질 날이 올 것이다.

나도 언젠가는 "요즘은 뭐가 이렇게 복잡하냐"고 말하게 될지도 모른다.

기술은 빠르게 진화하고, 도시는 점점 더 편리해지고 있다. 하지만 어르신들은 조금씩 그 흐름에서 밀려난다. 현금 대신 카드, 대면 대신 QR, 아날로그 대신 앱. 변화가 모두에게 이로운 건 아니라는 걸, 우리는 종종 잊고 살아간다.

그날 조용히 다가갔던 학생 한 명처럼, 누군가를 한 번 더 돌아보는 일이 그리 어렵진 않을 것이다. 그저 '잠깐'의 시선이면 충분하다. 사람이 사람을 외면하지 않는 사회라면, 기술이 아무리 빨라져도 사람 사는 온기는 남아 있을 테니까.

3장

어딘가에서 누군가처럼 살고 있다
사람 사이에서 부딪히고 닿고 스며드는 이야기

모두와 잘 지내려는 나에게

성실한 사람에게도 얼마나 많은 가식이 있으며 고결한 사람에게도 얼마나 많은 비열함이 있고 불량한 사람에게도 얼마나 많은 선량함이 있는지를 몰랐다.

월리엄 서머싯 몸 「달과 6펜스」

'위선자'라는 단어는 마음을 불편하게 만든다.

중학생 때, 친구에게 "너는 위선자야"라는 말을 들었던 순간이 지금도 생생하다. 당황스러웠고, 솔직히 꽤 불쾌했다. 그 말이 내게 너무 과하게 느껴졌기 때문일까, 아니면 내가 실제로 그런 사람이었을까.

집에 돌아와 침대에 누워 한참을 생각했다. 나는 정말 위선자였을까? 왜 나는 모두와 잘 지내려 했을까? 그러면서 왜 누구와도 진심으로 가까워지지 못했을까?

사실 나는 혼자 있는 시간을 좋아했고, 사람들과 깊게 엮이는 걸 부담스러워했다. 이런 성향 때문에 사람들 사이에서 늘 조용히 조화를 맞추며 어느 정도 거리를 두고 지내려고 노력했다. 내가 이렇게 행동한 건 자연스러운 방어기제였을지도 모른다. 나는 실제로 위선자였을까? 아니면 단지 내 방식대로 관계를 맺고자 했던 것일까?

친구가 한 말은 내게 고민할 거리를 남겼다. 모두와 잘 지내려는 내 태도가 누군가에게는 진정성이 부족해 보일 수도 있겠다는 생각이 들었다.

그 이후로 나는 타인과의 관계에서 조금 더 솔직하고, 개방적인 사람이 되려고 노력했다. 혼자만의 시간을 소중히 여기면서도, 누군가와 깊은 마음을 나눌 수 있는 여지를 열어두려 했다. 진정한 관계는 무엇보다 서로를 이해하고 서로의 공간을 존중하는 데서 시작된다는 걸 알게 되었다.

지금 돌이켜보면 친구의 그 한마디는 내게 큰 전환점이 되었다. 그 말 덕분에 지금까지 어떤 방식으로 관계를 맺어왔는지 돌아보게 되었고, 조금은 더 솔직하게 사람을 마주할 수 있게 되었다.
위선자라는 말을 듣게 된 순간은 결국 나를 더 진심에 가까운 사람으로 바꿔놓은 시작점이었다.

읽음 표시 너머의 고요

이 시대의 문제는 기술이 아니라 신뢰다.

톰 피터스

퇴근 후, 카페로 향했다. 창가 자리에 앉아 휴대전화를 내려놓자마자 진동이 울렸다.

"지금 어디야?"
"오늘 회의 자료 봤어?"
"단톡 확인 좀."

휴대전화를 뒤집어놓았다. 모든 대화는 즉답을 전제로 흘러갔다. 마치 숨을 고를 틈도 없이, 생각보다 반응이 먼저여야만 하는 그런 세계. 이미 수십 개의 채팅창에 둘러싸인 채 진작부터 대화가 아닌 반사신경으로 소통하고 있었다.

친구가 카페 문을 열고 들어왔다. 친구는 뒤집어진 휴대전화를 보고 인사 뒤에 한 마디 덧붙였다.

"퇴근해도 회사에서 연락이 계속 와?"

나는 씁쓸하게 웃었다.

테이블 위엔 서로의 휴대전화가 놓여 있었다. 메시지가 뜨고, 이모티콘이 도착하고, 단톡방에서는 누군가 또 태그를 걸었다. 하루에도 수십 번, 누군가가 나를 부르고 있었다. 일도, 인간관계도, 애매한 경계의 모든 것들이 모두 '한 앱'에 담겨 있었다.

카카오톡은 도대체 어디까지가 나의 일상이고, 어디부터가 남의 삶일까? 사적인 시간은 사라졌고, 심지어 사적인 말조차 집단의 톤에 맞춰 줄을 섰다.
나는 말했다.
"카톡은 지독한 앱이야. 아니, 사실은 악마야."

귀여운 캐릭터 이모티콘조차 그날따라 유난히 가증스럽게 보였다.
이야기를 나누던 친구는 어느새 창밖을 바라보며 멍하니 커피를 마시고 있었다. 친구의 휴대전화도 조용히 진동하고 있었다.

"가끔은 아무도 날 부르지 않았으면 좋겠어."
친구가 나지막이 말했다.

"그럴 땐, 그냥 전원 꺼버려."
내가 웃으며 말했다.

하지만 알았다. 그럴 수 없다는걸. 읽음 표시 하나, 답이 없는 말풍선 하나에 사람들은 기대고 상처받는다. 실시간 피드백이 소통의 기준이 되어버린 세상에서 고요는 오히려 불편함이 되었고, 침묵은 무례가 되었다.

'나는 이 앱 속에서 도대체 몇 명과 연결되어 있고, 진짜로는 몇 명과 이어져 있는 걸까?'

나는 잠시 고민한 뒤, 조용히 모든 알림을 껐다.

진동은 멈췄고, 그제야 내 마음 한구석에서 오래된 고요가 고개를 들었다.

대화창은 빛나는데,
대화는 흐려진다

사람들이 말할 때는 완전히 귀 기울여야 한다. 대부분의 사람들은 결코 듣지 않는다.

어니스트 헤밍웨이

금요일 저녁이었다. 창밖은 어둑했고, 골목 가게들 간판에 불이 하나둘 들어오고 있었다. 문득 누군가를 만나고 싶었다. 이대로 집에 가기에는 아쉬웠다.

스마트폰을 꺼내 천천히 스크롤을 내렸다. 'ㄱ'부터 'ㅎ'까지,

수백 개의 이름이 지나간다. 익숙한 듯 낯선 이름들. 손가락이 멈춘다. "오랜만이네, 술 한잔할까?" 이 한 마디를 보낼 수 있는 사람이 보이지 않는다. 보낼 수는 있지만, 보내고 나면 후회할 것 같은, 그러고나서 답장은 오지 않을 것 같은.

대학 동기는 결혼하고 아이가 있다. 직장 선배는 프로젝트로 바쁘다. 오랜 친구에게는 몇 년간 연락도 없었다. 늘 이렇게 핑계를 대며 연락을 미뤄왔다.

스마트폰 화면이 꺼졌다 켜지며 내 얼굴을 비춘다. 언제부터 이렇게 됐을까.

대학생 때는 금요일이면 누군가 보낸 "오늘 모일 사람?" 이 한 마디로 모두가 모였다. 함께하는 게 당연했다.

이제 연락처의 대부분은 거래처 사람들이다. '○○회사 김과장', '△△물류 박대리'… 카톡방 이름도 '프로젝트팀', '마케팅팀'처럼 업무 관련된 것들뿐이다. 퇴근하고 편하게 연락할 사람은 어디로 사라졌을까.

"읽지 않은 메시지가 153개 있습니다."

대부분 업무 단톡방이다. 사람들과 연결되어 있는데도 혼자인 아이러니. 수많은 말들이 오고 있지만, 그중 어느 하나도 내 마음을 묻진 않는다.

외투를 벗고 소파에 앉는다. 조용하다. 연락처에 이름은 가득한데, 정작 지금 이 마음을 나눌 사람은 없다.

"술 한 잔 할래?"

그 단순한 한 문장이 이토록 먼 말이 될 줄 몰랐다. 내 마음과 영혼, 생각은 어딘가로 갈 수 있기를 바랐지만, 그 어디에도 닿지 못한 채 그저, 이 방 안에 홀로 남아 있다.

사람이 많은 곳에는
언제나 사람이 없다

설명하지 마라. 친구라면 설명할 필요가 없고 적이라면 어차피 당신을 믿으려 하지 않을 테니까.

엘버트 허버드

"사람이 많은 곳에는 언제나 사람이 없다."

처음 이 문장을 들었을 때, 어딘가 모순처럼 느껴졌다. 사람이 가득한 장소에 어떻게 사람이 없다는 걸까. 하지만 곱씹다

보면 이 말이 가리키는 것이 물리적 존재가 아닌, 정신적 연결의 부재임을 이해하게 된다. 현대 사회의 아이러니를 꿰뚫는 문장이다.

  우리는 매일 사람으로 북적이는 공간을 지나친다. 출근길 지하철, 점심시간 식당, 퇴근 후 쇼핑몰. 어깨를 부딪치며 살아가지만, 정작 서로에 대해 아는 건 없다. 눈은 스마트폰을 향하고, 마음은 각자의 생각에 잠겨 있다. 물리적으로는 가까이 있지만 정신적으로는 서로 멀리 떨어져 있다. 수천 명이 사는 아파트 단지에서 옆집에 누가 사는지도 모른 채 몇 년을 보내기도 한다. 단 한 번의 인사도 없이.

  기술은 우리를 더 가깝게 만들겠다고 약속했지만, 그 결과는 반대다. 소셜 미디어와 디지털 메시지로 수많은 사람들과 연결되어 있지만, 정작 마음을 나눌 사람은 점점 줄어들었다.

  나 역시 연락처에 수백 명이 있지만, 시간이 날 때 편하게 연락할 수 있는 사람은 세 명도 되지 않았다. 나머지 사람들은 사실… 없는 셈이다.

현대 사회는 자기 목소리를 내는 법은 강조하면서도, 진짜 대화하는 법은 잊게 만든다. 표현은 많지만, 교감은 적다.

혼자 밥 먹는 걸 '혼밥'이라 부르며 익숙해진 우리. 몇십 분 함께 밥 먹을 친구를 찾다가 그냥 포기하고, 조용히 식당에 앉는 사람.

우리 모두의 이야기다.

조금은 불편해도,
다름과 함께 살아간다

누군가를 비판하고 싶어질 때마다, 세상 모든 사람이 네가 가진 장점을 다 가진 게 아니라는 사실만은 기억하렴.

F. 스콧 피츠제럴드 「위대한 개츠비」

개인이 무엇보다 중요한 시대, 그만큼 타인을 향한 비난도 쉽게 쏟아진다. 우리는 종종 자신의 장점을 기준 삼아 타인을 평가하고, 그와 다르다는 이유로 쉽게 비난하곤 한다. 하지만 세상 모든 사람이 우리가 가진 장점을 다 가진 게 아니라는 사실을 기억하라.

「위대한 개츠비」의 주인공 아버지가 말했듯이, 모두에게는 각자의 장점이 있고, 입장이 다르기에 쉽게 비난하는 것은 옳지 않다. 세상은 다양성으로 가득 차 있다. 사람마다 배경이 다르고, 경험이 다르고, 살아온 방식이 다르다. 프랑스에서는 이것을 톨레랑스, 즉 관용이라 부른다. 다름을 받아들이는 태도. 그것이 결국 문화를 풍요롭게 만들고, 복잡한 세상을 견고하게 지탱한다. 하나의 잣대로 누군가를 평가한다면 세상은 단조롭고 획일화될 것이다.

"너는 왜 그렇게 생각해? 이해가 안 돼."
"쟤는 진짜 나랑 안 맞아. 더 이상 연락 안 할래."
"이 회사 사람들은 다 이상해. 나만 정상이야."

이런 식으로 타인을 쉽게 평가하고 자신과 다르다는 이유로 떠나보낸다면, 결국 마지막에 남는 건 고립된 자기 자신뿐일 것이다. 다름을 인정하지 못하면 타인의 장점을 놓치고, 스스로 성장할 기회마저 잃어버리게 된다. 타인의 시선이나 사고방식에서 우리가 배울 수 있는 것들은 생각보다 많다.

 사회는 상호작용의 연속이다. 우리 모두가 같은 생각을 가진다면 세상은 지루하고 단조로울 것이다. 타인의 다름을 존중할 때 비로소 우리는 더 넓은 시야를 갖게 된다.

 우리 함께 기억하자. 밤하늘의 무수한 별처럼, 세상에는 수많은 사람들이 있고, 그 수만큼의 시선과 세계가 있다. 그 누구도 그것을 쉽게 파괴해서도 안 되며, 침범해서도 안 된다.
 큰 문제가 없는 범위 내에서 각자의 삶을 존중하는 일. 그것이 우리에게 주어진 과제일지도 모른다.

농담이라는 이름의 다정함

유머는 인간이 절망과 맞서 싸우는 방식이다.

찰리 채플린

다른 사람은 어떨지 모르겠지만, 나는 지겨워서 농담을 한다. 상황이 지겹고, 대화가 지겹고, 사람이 지겨울 때. 경직된 공기가 흐르거나, 대화가 예측 가능한 지루함으로 흘러갈 때, 나는 농담을 던진다.

대화가 진지하게 흘러가야만 좋은 결과로 이어진다고 생각하진 않는다. 오히려 경직된 분위기가 대화를 망치는 경우가

허다하다. 형식에 갇힌 연극처럼 느껴진다. 그런 분위기를 견디지 못해 농담을 사용한다. 분위기를 유연하게 만들기 위한 장치, 결과를 더 나은 방향으로 유도하기 위한 도구처럼.

농담이 지닌 가벼움은 때때로 우리에게 깊은 통찰과 이해를 제공한다. 상황의 긴장을 풀고, 사람들 사이의 벽을 허물며, 우리가 자신과 세상을 바라보는 방식에 유연성을 더해준다. 독일 소설가 에리히 케스트너는 "유머는 진지한 것과 가벼운 것 사이의 균형을 유지하게 해주는 지렛대"라고 말했다. 진지함 속에 숨겨진 진실을 가볍게 꺼내는 방법이기 때문이다.

우리는 중요한 이야기를 무겁고 진중한 어투로만 전달해야 한다고 생각한다. 하지만 때로는 가장 의미 있는 통찰이 농담 속에서, 아무렇지 않은 말 한마디 속에서 슬며시 드러난다. 농담은 생각의 환기를 만든다. 일상의 단조로움에서 벗어나 우리를 창의적인 세계로 이끈다.

농담은 또한 인간관계에서 소통의 촉매제가 된다. 웃음은 누구에게나 열려 있는 언어이며, 그 언어는 사람을 가깝게 만든다. 우리가 감정을 더 쉽게 표현하게 하고, 서로를 이해하는 데 중요한 도구가 된다.

하지만 모든 농담이 통하는 건 아니다. 타이밍이 있고, 맥락이 있고, 듣는 사람이 있다. 적절한 순간을 놓치면 농담은 유쾌함이 아닌 불쾌함이 되고, 가까워지기 위한 시도가 거리를 멀어지게 하기도 한다. 그래서 농담은 가벼운 듯하지만, 의외로 섬세하고 신중해야 한다. 유머는 타인을 향한 존중 위에 있을 때 비로소 진짜 웃음이 된다.

결국 농담은 단순한 웃음거리가 아니다. 그것은 우리가 세상을 바라보는 방식이고, 사람과 사람 사이를 잇는 다리이며, 때로는 깊은 진실을 꺼내는 방법이다. 가볍게 던졌지만 그 안에 담긴 진심과 통찰은 오래 남는다.

기회는 사람의 얼굴로 온다

기회는 대부분 위장하여 찾아온다. 그래서 많은 사람이 그것을 알아보지 못한다.

토머스 에디슨

국내 쇼핑몰 업체에서 관리직으로 일하며, 큰 어려움 없이 하루하루를 보내고 있었다. 겉으로 보기엔 안정적인 직장이었고, 나 역시 그 안에서 제 역할을 하고 있었다. 하지만 이상하게도, 어느 순간부터 같은 질문이 자꾸 떠올랐다.

'이게 정말 내가 원하는 삶일까?'

그런 생각에 빠져 있던 어느 날, 예전 직장에서 함께 일하던 지인이 연락을 해왔다.

"저랑 아마존 한번 하지 않을래요?"

그는 몇 년 동안 꾸준히 나를 찾아와 같은 제안을 했다. 하지만 매번 상황이 애매했다. 그가 운영하던 아마존 사업은 이제 막 시작 단계였고, 매출도 크지 않았다. 내가 가진 것들을 내려놓고 합류하기엔 위험 부담이 컸다.

고민 끝에 나는 이렇게 말했다.
"일단 같이 해보죠. 하지만 당장은 퇴사할 수 없으니까, 퇴근 후에 같이 해보는 건 어떨까요?"

그렇게 우리는 각자의 직장을 다니면서, 퇴근 후 자정까지 함께 일하기 시작했다.

내 방 한편의 책상, 작은 공간을 하나 비워두고 작은 책상을 하나 더 들였다. 그리고 밤마다 이어진 작업. 퇴근 후 매일 만나 각자의 노트북을 켜고, 아마존 관련 업무를 파고들었다. 상품을 검색하고, 데이터를 분석하고, 수익 모델을 연구했다.

시간이 지나면서 점점 일이 많아졌고, 자연스럽게 루틴이 생겼다. 퇴근 후, 저녁을 먹고 노트북 앞에 앉는다. 자정까지, 때로는 1시까지 일을 하고 눈을 붙인 후 다시 출근하는 생활. 그렇게 1년을 살았다.

처음에는 매출이 미미했지만 상품이 하나둘 팔리기 시작했고, 어느새 눈에 띄는 수익이 나기 시작했다.

그렇게 시간이 지나 이제 진짜 해볼 만하다는 생각이 들었다. 결국 퇴사를 결심하고, 정식으로 사업에 합류했다. 더 이상 낮에는 회사 일을, 밤에는 아마존 일을 하는 이중생활을 유지할 수 없었다.

그 후로도 많은 일이 있었다. 매출이 오르기도 하고, 예상치 못한 문제로 위기를 맞기도 했다. 하지만 포기하지 않았다. 계속 도전했고, 버텼고, 성장했다. 그리고 결국 법인회사를 설립했다. 나는 대표이사가 되었다. 내 방 한편에서 시작했던 작은 프로젝트, 지금은 하나의 회사가 되었다.

귀인(貴人)을 만난다는 것. 돌아보면 혼자였다면 이 일을 시작하지 않았을지도 모른다. 그 지인이 없었다면 아마 나는 여전히 안정적인 직장에 남아 있었을 것이다. 그는 몇 년 동안 나를 찾아와 함께하자고 손을 내밀었다. 그리고 나는 결국 그의 손을 잡았다. 그 선택이 내 인생을 바꿨다.

사람은 혼자 살아갈 수 없다. 때로는 귀인이 나타나 방향을 제시해주고, 함께 걸어가는 법을 알려준다. 중요한 건 그때 그 기회를 잡을 것인가, 놓칠 것인가다.
나는 선택했고, 지금도 함께 걷고 있다. 그때 그를 만난 건 단순한 우연이 아니라 내 인생의 필연이었던 것 같다.

먹물 속에서 헤엄치는 마음

사람은 누구도 진정으로 타인을 이해할 수 없다.
우리는 서로를 오직 추측하고 짐작할 뿐이다.

헤르만 헤세 「데미안」

먹물로 가득 찬 수영장을 바라보는 상상을 자주 한다. 때로는 꿈속에서 보이고, 때로는 길을 걷다가, 세수를 하다 말고, 문득문득 그림이 그려진다.

보인다기보다 머릿속에서 비처럼 계속 스친다. 바람처럼 지나가고 새처럼 날아간다. 영화의 프레임처럼 1초에 1프레임 정도로 순간의 빛처럼 잔상을 남기며 머릿속을 맴돈다.

사람의 마음도 수영장과 같다. 그러나 외부에서 바라보는 수면만으로는 그 깊이를 정확히 가늠하기 어렵다. 어두운 수면은 마치 끝을 알 수 없는 심해처럼 느껴진다. 바닥이 있다고 믿었는데, 순간 그 아래로 더 깊게 가라앉는 감각. 발이 닿지 않는 공간, 심해의 검고 차가운 물, 무언가를 품은 채 조용히 요동치는 어둠. 이러한 현상은 우리가 타인의 내면을, 혹은 우리 자신의 내면을 이해하려 할 때 겪는 어려움과 비슷하다.

우리는 자신과 타인을 이해할 수 있다고 자신하지만, 사실은 표면만 스치고 지나간다. 때로는 내 마음조차 들여다보기 어렵다. 감정은 변하고, 생각은 바뀌고, 나조차도 나를 낯설게 바라보는 날들이 있다.

사람의 마음은 미로다. 겉으로 보이는 입구는 단순하지만, 안으로 들어갈수록 복잡하고 깊다. 그 안에서 우리는 스스로를 잃기도 하고, 예상치 못한 순간들을 마주하기도 한다.

사람의 마음을 이해하기란 마치 심해를 탐험하는 것과 같다. 이 과정은 때로는 혼란스럽고 예측 불가능할 수 있지만, 그 자체로 인간관계의 아름다움과 삶의 신비로움을 탐구하는 여정이 된다. 우리는 이 미로 속에서 길을 잃을 수도 있지만, 그 과정에서 진정한 자기 발견과 타인과 깊은 연결을 경험하게 된다.

아무것도 보이지 않는 먹물로 가득 찬 수영장에서 헤엄을 치다가, 한 치 앞도 보이지 않는 곳에서 누군가가 혹은 무엇인가가 나를 마주하거나 옆을 지나갈 수도 있다. 나는 눈을 뜨고 있지만, 때로는 눈을 감고 있다고 생각한다. 맑은 수영장을 보고 있다고 생각했는데, 언제부턴가 그 안은 먹물로 바뀌어 있다. 잠에서 깨어나 거울 앞에 서고, 미소를 짓고, 다시 잠이 들어 우주로 떨어진다.

빛나는 하루와 별이 지는 밤사이를 오가는 어떤 리듬. 이 모든 것들이 서로 다른 공간처럼 느껴지기도 하고, 한 개체 속에서 벌어지는 온 앤 오프 같기도 하다.

투명하고 밝은 세계를 보고 있지만, 어쩌면 지금 이 순간도 빛 한 점 들어오지 않는 닫힌 상자 속일지도 모른다.

정성으로 끓인 작은 행복

행복은 소박한 식사, 좋은 친구, 그리고 고요한 양심에서 온다.

에픽테토스

세상에서 좋아하는 음식 중 하나가 라면이다. 그밖에는 김, 통조림 참치, 삼겹살, 김치, 잔치국수 등이 있다. 적고 보니 참 소박한 음식이다. 하지만 내게는 가장 맛있는 음식이다.

그중에서도 라면은 많은 사람들이 즐겨 먹는 음식 중 하나이다. 특히 바닷가에서 끓여 먹는 라면은 해풍과 경치가 더해져

극락의 맛을 선사한다. 바다를 바라보며 따뜻한 라면 한 그릇을 즐기는 것만큼 행복한 순간이 또 있을까.

나의 작은 꿈은 그런 순간을 사람들에게 선사하는 것이다. 바닷가 근처에 작은 라면 가게를 열고, 하루에 딱 50그릇만 정성껏 준비해 손님들에게 제공하고 싶다. 이 방식이야말로 라면 한 그릇에 모든 정성을 담을 수 있고, 손님들과 더 깊이 소통할 수 있다고 믿는다.

내가 만든 라면을 맛보며 사람들이 바다의 평온함을 함께 느끼길 바라는 마음이 있다. 바다의 시원한 바람, 은은한 파도 소리, 그 속에서 한 그릇의 따뜻함이 그 어떤 고급 요리보다 소중한 경험이 되기를 바란다.

내가 꿈꾸는 라면가게는 대규모 체인점도, 화려한 인테리어도 아니다. 바다를 바라보며, 사람들의 웃음소리와 파도 소리가 어우러지는 그저 따뜻하고 조용한 곳. 그곳에서 소박하지만 진정한 행복을 찾고자 한다.

나만의 레시피로 정성스레 만든 라면 한 그릇이 누군가에게 작은 기쁨과 평온을 줄 수 있다면, 그걸로 충분하다. 바닷가 라면 가게는 누구나 잠시나마 일상의 번잡함을 잊고, 마음의 여유를 찾을 수 있는 공간이 될 것이다. 이곳에서 라면을 먹는다는 건 단순한 식사가 아니라, 삶의 작은 즐거움을 발견하는 경험이 될 것이다. 나는 이 작은 꿈을 통해 사람들에게 따뜻한 위로와 행복을 전하고 싶다.

바닷가에 풍경처럼 놓인 작은 라면 가게. 아름다운 모습이다.

사케 안에 고등어를
넣어 끓이던 사람

사람이 친구를 사귀는 데는 분명한 과정이 하나 있는데, 매번 몇 시간에 걸쳐 이야기를 하고 이야기를 들어주는 것이다.

레베카 웨스트

스물일곱, 돈도 없이 수원으로 올라왔다. 집도, 일자리도 없었다. 그냥 '뭔가 되겠지' 하는 막연한 마음으로 가방 하나 달랑 메고 도착했다. 그런데 그 '뭔가'가 정확히 뭔지는 나도 몰랐다. 지갑엔 20만 원이 있었다.

일단 도착하자마자 예술가들이 모인 술자리에 참석했다. 처음 만나는 사람들 사이에서 어색할 틈도 없이 술잔이 오갔고, 분위기는 자연스럽게 무르익었다. 그리고 그 자리에서 한 사진작가를 만났다. 그는 나보다 나이가 있었고, 그와 나 사이에는 이상한 우연이 있었다. 그의 여자 친구 이름과 내 이름이 거의 같았다.

"이런 우연도 있네요."
그는 피식 웃으며 말했다.

그 말이 시작이었다. 그는 집을 구했는데, 한 집에서 방 두 개가 아니라 원룸 두 개라고 했다.

"혹시 괜찮으시면 여기로 들어오시죠. 여자 친구 방으로 구했었는데 사용하지 않게 되어서, 아직 한곳이 비어 있습니다."

그때는 정말 갈 곳이 없었다. 별다른 고민 없이 대답했다.

"네, 그러면 그렇게 하죠."

그렇게 우리는 벽 하나를 사이에 두고 옆집에 살게 되었다.
그는 참 친절한 사람이었다. 어느 날, 저녁을 같이 먹자며 사케를 데워 건넸는데, 그 안에 말린 고등어를 넣어 끓여주었다. 생소한 조합이었지만, 한 모금 마시는 순간 묘하게 따뜻하고 깊은 맛이 났다.

"이렇게 먹으면 훨씬 더 부드럽습니다."

그는 천천히 술을 마시며 말했다. 그와 있으면 대화도, 술도, 모든 게 조용하고 차분했다. 거친 농담 없이도, 과한 감정 없이도, 그 시간은 편안했다.

시간이 흘러, 그는 서울대에서 결혼식을 올렸다. 당연히 참석했다. 예술가들의 술자리에서 내 이름과 비슷하다고 농담했던 그녀와 그는 부부가 되었다. 결혼식에서 그는 여전히 그녀에게 존댓말을 쓰고 있었다. 그 모습에 나도 모르게 웃음이 났다. 처음 만났을 때처럼, 변함없이.

결혼 후에도 우리는 가끔 술을 마셨다. 그는 여전히 친절했고, 나는 여전히 술을 좋아했다. 벽 하나를 사이에 두고 살던 시간은 짧았지만, 그 시간이 만들어준 기억은 길었다.

때로는 인생에서 가장 소중한 순간들이 계획 없이 찾아온다. 그냥 가본 술자리에서, 우연히 만난 사람과, 예상치 못한 인연이 시작된다. 수원에 올라가지 않았더라면, 그날 그 술자리에 가지 않았더라면, 나는 그를 만나지 못했을 것이다.

지금도 가끔 생각한다. 그가 건넨 사케의 따뜻한 맛, 처음 만났을 때의 존댓말, 벽 하나를 사이에 두고 살던 시간. 좋은 추억이란, 아마 이런 것들을 말하는 게 아닐까.

여전히 고맙다고
말하고 싶은 사람

감사는 마음속에 저장된 기억이다.

장 바티스트 마시유

고시원에서 6개월을 살았다. 방은 작았고, 복도는 늘 습기가 찼고, 벽 하나를 사이에 두고 온갖 소음이 들려왔다. 문 하나만 닫으면 나 혼자만의 공간이지만, 동시에 수십 명이 함께 살아가는 곳이었다.

어느 날, 공용 식당에서 전화를 받고 있는데 뒤에서 누군가가 말을 걸었다.

"혹시 고향이 어디세요?"
나는 무심코 대답했다. 그러자 그는 환하게 웃으며 말했다.
"아, 나도 거기 출신인데!"

그렇게 우리는 동향 사람이라는 이유만으로 빠르게 친해졌다. 살아온 환경도 나이도 하는 일도 달랐지만, 고향이 같다는 사실만으로도 이상하게 정이 갔다.
그는 배달 일을 했다. 하루 종일 오토바이를 타고 도시를 누비는 생활. 늘 바쁘고 힘들어 보였지만, 이상하게도 내게는 따뜻한 사람이었다.

"이거 남은 건데 가져가."

어느 날은 콜라 한 캔을 주었고, 또 어느 날은 참치캔 몇 개를 건넸다. 가끔 치킨을 통째로 주기도 했다. 배달 끝나고 남은 음식이라고 했지만, 그냥 나를 챙겨주고 싶었던 거라는 걸 알았다.

  고시원 생활은 팍팍했다. 사람들 틈에 섞여 살아도 정작 마음을 나눌 사람은 없었다. 그런데 그가 건네는 작은 호의는 이곳에서도 누군가와 따뜻한 관계를 맺을 수 있다는 걸 알려줬다.

  그러다 나는 고시원을 떠났고, 연락도 점점 줄어들었다. 가끔 그의 전화번호를 들여다보긴 했지만, 선뜻 연락하진 못했다. 그렇게 몇 년이 흘렀다.

  우연히 그의 소식을 들었다. 그는 고향으로 내려가 결혼을 했고, 아들 둘을 낳고 잘 살고 있었다. 사진 속 그는 여전히 환하게 웃고 있었다. 그걸 보고 나니 이상하게 눈물이 났다. 고시원의 답답한 복도, 식당에서 마주 앉아 나눴던 짧은 대화, 툭 던지듯 건넸던 콜라 한 캔. 그 모든 순간들이 떠올랐다. 어쩌면 그는 내게 그렇게까지 잘해줄 이유가 없었을지도 모른다. 하지만 그는 그냥 좋은 사람이었다. 고향 사람이라는 이유 하나만으로, 따뜻한 마음을 베풀 줄 아는 사람이었다.

지금도 가끔 그를 떠올린다. 나는 그때 그에게 받은 만큼 누군가에게 베풀며 살고 있는 걸까? 그를 다시 만나면 꼭 말해주고 싶다.

"형 덕분에, 그때 버틸 수 있었어요. 정말 고마웠어요."

안방이라는 이름의 술집

한 송이 장미로도 정원이 되고, 한 명의 친구로도 나의 세상이 된다.

레오 버스카글리아

상상 속에 그리는 '안방'이라는 술집이 있다. 나중에 기회가 닿아 술집을 여는 날이 온다면, 그곳의 이름을 '안방'으로 짓고 싶다.

'안방'이라는 이름은 단순히 공간의 명칭을 넘어서, 사람들이 진정으로 편안함을 느끼고, 마음을 열 수 있는 장소가 되기를 바라는 마음이 담겨 있다. 이곳은 기존의 술집과는 전혀 다른 분위기를 가진, 마치 한 가정집에 들어선 듯한 느낌으로 연출하고 싶다.

상상 속 '안방'은 일반 집처럼 꾸며진다. 각종 가구나 테이블 대신, 작은 밥상이나 바닥에 펼쳐진 조그만 이불 같은 소품들이 놓여 있다. 툭 던져진 이불 한 조각, 벽에 걸린 옷가지들. 어딘지 모르게 낯익고, 편안하고, 따뜻한 기분이 든다. 이곳에서 손님들은 자유롭게 바닥에 앉아 대화를 나누고, 텔레비전을 보거나, 책을 읽거나, 게임을 하거나, 혼자 조용히 쉬기도 한다. 누군가는 테라스에서 그림을 그리고, 누군가는 기타를 치며 노래를 부른다. 누군가는 아무 말 없이 소파에 앉아 졸다가 스르르 잠이 들지도 모른다.

'안방'은 예술과 창작이 자유롭게 이루어지는 공간이기도 하다. 한쪽에서는 시를 쓰고, 다른 한쪽에서는 노래가 흘러나오고, 벽에 붙은 낙서와 그림들, 자유롭게 꽂힌 책들, 각자의 방식으로 표현되고 연결되는 사람들. 술이나 음식은 냉장고에서 직접 꺼내 먹거나 부엌에서 함께 요리하고, 누군가 가져온 술과 음식을 나누며, 서로의 하루를 건네는 시간. 번호도, 호출도 없이, 그저 마음이 가는 대로.

'안방'은 단순한 술집이 아니다. 사람들이 마음을 열고, 이야기를 나누고, 서로를 이해하는 장소다. 다양한 직업을 가진 사람들이 모여 생각을 나누고, 새로운 관계를 맺으며, 삶의 다양한 면모를 탐색할 수 있다. '안방'은 도시의 번잡함 속에서 잃어버린 소통과 공동체 의식을 회복하는 공간으로, 방문하는 모든 이에게 새로운 경험과 영감을 제공할 것이다.

나는 이러한 '안방'을 꿈꾼다. 현대 사회에서 점점 잊혀가는 따뜻함과 소통을 되살리는 공간 삶의 향기가 가득한 공간으로 말이다.

옷가게에서

아름다움이란, 당신이 자신을 받아들이기로 결심할 때부터 시작된다.

코코 샤넬

작은 매장에 점장으로 있을 때, 하루에도 수십 명의 사람들이 드나들었다. 그리고 그 사람들은 모두 제각각이었다.

아침이 되면 시장 사람들이 가게 앞을 지나갔다. 가게 문을 열고 옷을 정리하고 있으면 옆 가게 아줌마들이 지나가며 인사를 건넸다.

"어제 장사 잘됐어?"

"그럭저럭요. 오늘은 좀 나아야 할 텐데요."

장사는 결국 사람과의 싸움이었다. 손님이 많으면 기분이 좋았고, 한가한 날이면 괜히 불안했다.

점심쯤 되면 대학생들이 몰려왔다. 친구들끼리 옷을 골라주며 깔깔대다가, 결국 아무것도 사지 않고 나가는 경우가 많았다. 하지만 가끔은 마음에 드는 옷을 발견하고 결제 버튼을 눌렀다. 그 순간 혼자 작은 승리를 만끽했다.

오후에는 중고등학생들이 왔다. 티셔츠 한 장을 친구들과 한참을 의논한 끝에 사 갔다. 초등학생들도 가끔 왔다. 부모님 손을 잡고 온 아이들은 옷보다 매장 한쪽에 있는 거울 앞에서 신나게 장난을 치곤 했다.

저녁이 되면 분위기가 또 달라졌다. 퇴근한 직장인들이 지나가고, 가끔은 편의점 아르바이트생이 들러 짧은 쇼핑을 했다. 그리고 밤이 깊어지면 취객들이 나타났다. 그들은 휘청거리며 매장 안을 기웃거렸다.

"이거 얼마야?"
"이거 나랑 어울릴 것 같은데, 한번 입어볼까?"

그들은 종종 엉뚱한 옷을 입고 나와 스스로를 보고 깔깔댔다. 그럴 때는 조심해야 했다. 술김에 괜히 트집을 잡는 경우도 있었으니까.

이렇게 다양한 사람들이 오가는 곳에서 일하다 보니, 예상치 못한 일들이 자주 일어났다. 어느 날은 인근 외제 차 매장에서 누군가 찾아왔다.

"사장님, 혹시 다른 일 할 생각 없어요?"
나는 어리둥절했다. 이 사람이 나를 왜?

"우리 쪽에서 일하면 괜찮을 것 같은데. 말도 잘하시고, 사람 상대하는 걸 잘하잖아요."

갑작스러운 스카우트 제안이었다. 나는 웃으며 "아직은 여기서 좀 더 해봐야죠"라고 답했지만, 속으로는 살짝 기분이 좋았다. 누군가 내 능력을 알아봐 준다는 건 언제나 반가운 일이니까.

옷 가게 점장은 단순히 옷을 파는 일이 아니었다. 다양한 사람을 만나고, 각자의 삶을 짧게나마 엿보고, 그 안에서 작은 이야기를 만들어가는 일이었다.

어쩌면 나는 그때 판매자가 아니라 관찰자였는지도 모른다. 하루에도 수십 명의 사람들을 만나며 그들의 표정과 말투, 이야기를 조용히 보고 듣는 사람.

지금도 가끔 그때를 떠올린다. 바쁘게 계산기를 두드리며 손님을 맞이하던 날들, 예상치 못한 만남과 대화들. 그 모든 소란한 순간들이 떠오른다.

이사라는 이름의 자서전

우리가 삶의 짐에 지쳐 있을 때, 왜 그 짐을 내려놓지 않는가?

헨리 데이비드 소로

20대, 서울살이 초반의 나는 짐이 거의 없었다. 이사를 한다고 해도 대단한 일이 아니었다. 남들은 며칠 전부터 박스를 싸고, 무거운 가구들을 옮기느라 용달 트럭을 부르지만, 내 이사는 달랐다. 다마스 한 대면 충분했다. 정확히 말하면 큰 상자 2~3개면 끝나는 수준이었다. 그래서 수원에서 서울로 이사하던 날도 별다른 준비 없이 다마스를 불러 짐을 실었다. 나는 조수석에 앉았고, 내 짐은 트렁크 한구석에 놓였다.

"이게 다예요?"
기사 아저씨가 물었다.

"네, 끝이에요."
아저씨는 어이없다는 듯 웃었다.

"요즘 젊은 애들은 짐도 없구나. 나는 옛날에 이사할 때 트럭 세 대 불렀는데."

그 말을 듣고 잠시 생각했다. 짐이 없다는 건 좋은 뜻일까, 아니면 쌓아둘 것이 없을 만큼 가진 게 적다는 뜻일까?

다마스는 부드럽게 출발했다. 창밖으로 수원의 익숙한 거리들이 스쳐 지나갔다. 몇 년을 살았지만, 떠나는 길이 무겁진 않았다. 애초에 무거울 게 없었다. 짐이 없으니 어디로든 쉽게 떠날 수 있었다.

그렇게 나는 서울로 왔다. 작은 원룸에 가방을 내려놓고, 단 몇 분 만에 짐을 풀었다. 더 이상 정리할 게 없었다. 그때는 그게 편했다. 가벼운 삶. 언제든 떠날 수 있는 자유.

그런데 시간이 흐르면서, 내 삶은 조금씩 변했다. 책이 늘었고, 가구를 샀고, 옷이 쌓였다. 취향이 생기고, 애착이 생기면서 짐도 함께 불어났다. 그리고 지금, 나는 이사를 앞두고 고민에 빠졌다.

"이 짐을 다 어떻게 옮기지?"

다마스로 충분했던 시절은 끝났다. 지금은 적어도 1톤 트럭이 필요하다. 짐이 많아졌다는 건 곧 자산이 많아졌다는 뜻이다. 가지고 있는 게 많다는 건 나쁘지 않다. 하지만 동시에, 그것은 자유를 제한하는 무게가 되기도 한다. 예전에는 단 몇 개의 박스만 챙기면 어디로든 떠날 수 있었지만, 지금은 그렇지 않다. 며칠을 정리하고 돈을 들여야 한다.

물질적인 짐뿐만 아니라, 삶도 마찬가지다. 우리는 시간이 흐를수록 더 많은 걸 가진다. 경험, 관계, 책임, 기억. 하지만 그만큼 쉽게 떠날 수 없는 것들도 많아진다. 짐의 무게를 어떻게 받아들일 것인가.

짐이 많다고 해서 반드시 나쁜 건 아니다. 내가 살아온 흔적이고, 내가 소중하게 여기는 것들의 총합이다. 문제는 그것이 나를 붙잡는가, 아니면 나를 지탱해 주는가 하는 것이다.

우리는 모두 각자의 짐을 지고 살아간다. 어떤 짐은 나를 단단하게 만들지만, 어떤 짐은 나를 무겁게 짓누른다.

"이 짐이 정말 내게 필요한 것인가?"

이사를 준비하며 내 짐을 하나하나 바라봤다. 언젠가 필요할 것 같아서 쌓아둔 것들, 버리지 못한 오래된 것들, 그리고 지금도 여전히 소중한 것들.

결국 인생도 마찬가지다. 무작정 쌓아두는 게 아니라 필요 없는 건 내려놓고, 정말 중요한 것만 남기는 것. 그것이 짐을 다루는 방법이고, 자유를 지키는 방법이다.

20대의 나는 가벼웠지만, 꼭 좋은 것만은 아니었다. 지금의 나는 조금 무겁지만, 그만큼 더 단단해졌다.

다음 이사를 할 때, 나는 다마스를 부를 수 있을까? 아마 아닐 것이다. 하지만 그래도 내가 어디로든 떠날 수 있는 마음을 유지하고 있다면, 그게 가장 이상적인 상태가 아닐까?

두 얼굴의 신,
하나의 나

모두의 친구는 누구의 친구도 아니다. 모든 사람을
사랑하는 건 누구도 사랑하지 않는 것이다.

아리스토텔레스

1월이 되면 야누스가 떠오른다. January의 어원이기도 한 야
누스 Janus는 두 얼굴을 가진 신이다. 시작과 끝, 변화, 과거와
미래를 상징한다.

야누스처럼 우리는 서로 다른 방향을 바라본다. 가령 나는 보수적이면서 진보적이고, 예술지상주의자이면서 동시에 과학을 맹신한다. 과거를 끝없이 탓하고 집착하면서도, 다가올 미래에 아낌없이 투자하고 준비한다.

삶을 살다 보면 인간관계의 양면성과 마주하게 된다. 우리는 많은 관계 속에서 살아간다. 부모와 자식, 부부, 친척, 친구, 대학 동기, 직장동료, 동호회 사람들, 그 외에도 많은 이름들. 이름을 저장하고 안부를 묻고 같이 시간을 보내고 가끔은 잊는다.

이 많은 관계는 과거를 회상하게 만들고, 미래를 약속하게 만들고, 현재를 위한 관계도 있다. 하지만 시간이 흐를수록 과거를 공유하던 관계는 점점 진부해지고, 미래를 같이 그리던 관계는 나와 다른 방향을 향하기도 한다. 결국 남는 건 '지금 이 순간'을 함께 살아가는 사람들뿐. 그리고 그마저도 멀어지기도 한다.

하지만 이런 단절이 꼭 나쁜 것만은 아니다. 새로운 관계를 탐색하고, 무엇이 나에게 진짜 중요한지를 다시 돌아보게 된다. 야누스처럼, 우리는 과거를 뒤돌아보며 배운 교훈을 바탕으로 미래를 향해 나아가야 한다. 이 과정에서 우리는 자신에게 솔직해진다.

인간관계의 양면성을 받아들이고 이해하는 일, 결국 우리가 자신을 더 잘 이해하고 성장해 가는 길이다. 어떤 관계는 우리에게 즐거움과 행복을 주지만, 어떤 관계는 우리를 더 깊은 성찰의 길로 이끈다. 모든 관계가 행복하진 않지만, 각 관계는 우리를 이루는 조각들이다.

때로는 이별이라는 어려운 결정을 내려야 할 때도 있다. 하지만 이별도 하나의 시작이다. 삶은 계속해서 전환점을 지나며, 그 전환 속에서 우리는 더 단단해지고, 더 넓은 세계를 만나고, 더 깊은 연결을 탐색하게 된다.

결국 우리는 야누스처럼 과거와 미래 사이에서, 관계의 이면 속에서 균형을 찾아가며 조금씩 완성되어 간다. 그 모든 양면성을 통해 우리는 더 풍부한 삶을 배운다.

4장

버텼기에 남은 것들

작은 성취와 현실의 무게를 안고 살아가는 사람들

무엇을 위해 일하는가

당신의 시간은 제한적이다. 그러니 다른 사람의 삶을 사느라 낭비하지 마라.

스티브 잡스

직장 생활을 해본 사람은 안다. 직장 동료는 친구와 다르다. 좋은 인연이 될 수도 있지만, 결국 업무를 중심으로 맺어진 관계라는 점은 변하지 않는다. 모든 고민을 나눌 필요도, 모든 감정을 설명할 필요도 없다. 적절한 거리감이 오히려 서로에게 도움이 될 때가 많다.

회사는 나를 위해 존재하지 않는다. 회사는 나의 모든 것을 책임지지 않는다. 이 단순한 진실을 받아들이기까지는 생각보다 긴 시간이 필요했다. 정년까지 한 직장에서 일하는 사람은 이제 드물다. 50세를 넘기면서 많은 이들은 새로운 국면에 접어든다. 누군가는 이직을, 누군가는 퇴직을, 누군가는 완전히 다른 삶의 전환점을 맞는다.

그건 실패가 아니라 과정이다. 그래서 우리는 젊을 때부터 준비해야 한다. 현재 직장을 '목표'가 아니라 '경험의 장'으로 바라보는 시선이 필요하다. 이곳에서의 시간은 언젠가 또 다른 문을 열어줄 자산이 될 수 있다.

현재의 업무에 소홀하라는 의미가 아니다. 자신의 성장과 발전에 목표를 두고, 그 과정에서 회사에도 가치를 더하는 상생의 관계를 만들어가는 것이 이상적이다. 평생을 오직 회사만을 위해 살다가 퇴직 후 공허함을 느끼는 상황은 누구도 원하지 않을 것이다.

시간은 누구에게나 공평하게 흐른다. 젊음도, 현재의 직장 생활도 영원하지 않다. 그렇기에 현재에 충실하면서도 자신만의 미래를 준비하는 균형 있는 태도가 필요하다.

우리는 결국 언젠가 회사를 떠난다. 그 후에도 살아갈 수 있는 사람이 되기 위해서 지금의 나는 회사 안에서만 존재하지 않기로 했다.

도시를 등지고,
삶을 다시 짓다

인간은 삶의 의미를 찾는 존재다. 삶의 의미는 각자가 발견해야 하며, 그것은 외부에서 주어지지 않는다.

빅터 프랭클 「죽음의 수용소에서」

'오도이촌'이란 말이 있다. 5일은 도시에서, 2일은 시골에서 지낸다는 뜻이다. 많은 도시 사람들이 주말마다 시골로 향한다. 별채를 마련해 두고, 잠시라도 도시를 벗어난다.

나 또한 '오도이촌'을 꿈꾼다. 정확히는 도시 생활을 정리하고 시골에 정착해 살고 싶다. 주변에 주택이 거의 없는 한적한 시골 마을에 집을 짓고 지하에는 휴식처를, 1층은 주거 공간을, 2층은 사무실 겸 작업실을 두고 싶다. 자연과 가까이에서 살고 싶어서, 직접 농사를 지으며 생활하고 싶어서, 혹은 느린 삶 속에서 진정한 행복을 찾고 싶은 마음이다.

이러한 귀촌의 꿈 뒤에는 복잡하고 빠르게 돌아가는 도시 생활에서 벗어나, 간소화된 삶 속에서 자신을 되돌아보고 삶의 의미를 재발견하고자 하는 욕구가 있다.

도시는 편리함과 기회를 제공하지만 동시에 스트레스, 소음, 공해도 함께 따른다. 반면 시골은 평화롭고 조용하며 자연과 교감하며 심신의 안정을 찾을 수 있다.

그러나 귀촌은 단순히 도시의 피로에서 도망치는 일이 아니다. 땅을 일구고, 계절의 변화를 몸소 느끼고, 자연의 리듬에 맞춰 생활하는 것에서 오는 깊은 만족을 추구하는 삶이다. 자기 자신과의 대화, 가족과의 시간, 그리고 이웃과의 교류가 더 소중해지는 삶.

물론 귀촌에도 도전과 어려움이 따른다. 농사를 짓고, 집을 수리하고, 생활필수품을 구하는 일까지 모든 것이 새롭다. 그럼에도 불구하고 많은 사람들이 귀촌을 꿈꾸는 이유는 단 하나다. 진정한 삶의 가치, 그것을 찾기 위해서.

귀촌이라는 선택은 현대사회에서 우리가 잊고 있던 것들을 되새기게 한다. 자연과의 조화, 단순함 속에서의 풍요, 인간관계의 따뜻함. 우리는 그것을 통해 진정한 행복이 무엇인지 다시 깨닫는다.

결국 많은 사람들이 귀촌을 꿈꾸며 추구하는 것은 물질적인 성공이 아닌 삶의 질적인 향상과 내면의 평화다. 시골에 정착한다는 것은 곧, 본래의 자신을 찾고 정신적 안정을 추구하고 싶은 우리의 바람이다.

돈과 자유,
우리는 무엇을 얻고 무엇을 잃는가

나는 내 인격의 완전한 표현을 위해 자유를 원한다.

마하트마 간디

'돈이 가난보다 낫다'는 말이 있다. 그래서 우리는 일주일 중에 5일을 일하고, 누군가는 6일, 7일을 일한다. 20대에 시작한 일이 60대, 혹은 그 이상 이어진다. 인생의 대부분을 노동에 바치고, 주말은 피로와 월요일에 대한 걱정으로 채워진다. 온전한 휴식과 여가를 누리는 것은 불가능에 가깝다. 선진국의 삶은 다를 거라고 반박할 수도 있다. 하지만 막상 그들의 삶을 들여다보면 본질적인 차이는 없다. 사람들은 언제나 앞날을 걱정하고, 업무에 시달리고, 노년을 두려워한다. 이러한 일상이 이어질수록, 인생에 대한 회의와 우울감은 점점 짙어진다. 여기서 하나의 의문에 도달한다.

"자유를 위해 돈을 벌지만, 그 돈으로 내 자유를 살 수 없는 상태가 반복된다."

우리는 여기서 선택의 기로에 놓인다.
1. 더 많은 돈을 번다.
2. 적당한 돈을 벌고 정신적 자유를 택한다.
3. 자유와 돈을 모두 쟁취할 인생을 산다.
4. 결국 아무것도 갖지 못한 채 생을 마감한다.

1번을 위해 투잡을 하고, 2번을 위해 워라밸이 좋은 직장을 다니고, 3번을 위해 자신의 재능을 갈고닦고, 4번을 피하기 위해 체념하는 방법을 배운다.

우리는 가난이라는 고통을 벗어나기 위해 자유를 포기하고, 그리고 그 자유를 다시 찾기 위해 더 많은 일을 한다. 은퇴를 준비하고 불로소득을 기획한다. 하지만 대부분의 사람들은 둘 중 하나도 이루지 못한 채 죽을 때까지 일만 하다가 생을 마감한다. 아니면 막대한 돈을 손에 쥐고 자유를 찾았지만 더 큰 자유를 위해 다시 돈을 벌기 시작한다.

자유를 위해 돈을 벌고, 돈을 위해 자유를 버리지만 우리는 그 어느 것도 가지지 못한다.

고양이가 부럽다

고양이는 우리가 침대에 자는 것을 허락해 준다.
침대 모서리에서.

제니 드 브라이즈

탱구라는 고양이를 키우고 있다. 러시안 블루라고 하는데 정확히 확인하지 않았다. 아내가 길을 걷다가 품에 안긴 채 떨고 있는 녀석을 집으로 데려왔다. 인터넷에 수소문하고 전단도 돌려 봤지만, 주인을 찾을 수 없었다.

탱구는 '개냥이'다. 문을 열어주면 혼자 산책하러 나갔다가 다시 집으로 돌아온다. 그러다 한번은 큰 동물을 만났는지 하얗게 질린 표정으로 집으로 돌아와 며칠 동안 나가지 않았다. 턱에는 피가 흐르고 있었다.

탱구는 자신이 '사람'인 줄 안다. 밥을 제때 주지 않으면 가만히 노려보고, 다른 동물들을 하찮다는 눈빛으로 쳐다보곤 한다. 때로는 나를 볼 때도 말이다.

탱구는 '모험가'다. 몇 번 밖을 나갔다가 길을 잃었는데, 그때도 아내와 나는 탱구를 찾아 집으로 데리고 왔다. 남의 집에 가서 즐겁게 놀고 있는 영상을 탱구를 찾아준 사람을 통해 확인한 적도 있다.

한 번씩 나를 경계하며, 아내 편에 서서 나를 노려보기도 한다. 아기를 안고 있으면 자신도 안아달라고 품에 들어오는 탱구. 7살은 넘었을 텐데, 아직도 자신이 아기인 줄 아는가 보다.

오늘도 탱구는 꽈배기처럼 몸을 비틀고 알 수 없는 자세로 낮잠을 자고 있다. 내가 노려보면 언제든 다른 집으로 떠날 수도 있다는 표정을 짓는다. 자고 싶으면 자고, 먹고 싶으면 먹고, 정말 자기 멋대로다.

세상 모든 걱정에서 벗어나, 매일 한량처럼 사는 탱구를 보면 이상하게 화가 난다. 내가 저렇게 살고 싶은데 그러지 못하기 때문이다.

누군가 강요하지 않은 빈 시간에 온전히 햇볕을 쬐는 여유를 느낀 적이 언제였을까? 기억나지 않는다. 아마 없을지도. 탱구는 아주 적극적으로, 그것도 강렬하게 진정한 자유를 만끽한다.

영화 '아저씨'의 명대사가 생각난다.
"내일만 사는 놈은 오늘만 사는 놈에게 죽는다."

탱구는 오늘만을 살았고 나는 오늘의 숨을 죽인 채, 없을지도 모를 내일의 자유를 기다리고 있다.

돈 없이 자유로울 수 있을까

인간의 노동 시간이 줄어들어야 한다. 그래야만 우리는 일의 노예가 아닌, 진정한 삶의 주인이 될 수 있다.

버트런드 러셀

모두가 한 번쯤 꿈꾸는 삶이 있다. 아무것도 하지 않고 게을러질 수 있는 자유. 아침 일찍 일어나 허겁지겁 출근하지 않아도 되는 자유. 야근과 주말 근무에서 벗어나는 자유. 권리도 없지만, 의무도 없는 삶. 우리는 언제나 이러한 백수의 삶을 꿈꾼다.

백수를 꿈꾸는 것은 일상의 속박에서 벗어나 자유롭게 자신의 시간을 사용하고자 하는 깊은 욕구에서 비롯된다. 진심을 담아 장점을 적어보자.

첫 번째 장점은 시간의 주인이 될 수 있다. 20세기 최고의 지성으로 불리는 영국 철학자 버트런드 러셀은 저서 「게으름에 대한 찬양」에서 노동을 이렇게 표현했다.

"나는 노동이 덕이라는 생각을 부정한다. 사실상, 노동은 불필요한 노동을 하지 않는 한에서만 가치가 있다. 현대 세계의 근본적인 문제 중 하나는, 지나치게 많은 사람들이 지나치게 많은 시간을 일하는 데 바치고 있다는 것이다."

러셀은 적은 노동으로도 사회를 운영할 수 있으며, 남는 시간을 잘 활용하면 개인과 사회가 더 풍요로워진다고 주장했다. 우리에게 시간이 필요한 이유다.

두 번째 장점은 자신의 열정을 발견하고 그것을 추구할 수 있다는 점이다. 나쓰메 소세키처럼 아침에 일어나 글을 쓰고,

오후에는 여유롭게 담배를 피우며 술을 마시는 삶. 이것은 단순히 느긋한 일상만을 의미하지 않는다. 자신의 진정한 관심사에 집중할 수 있는 소중한 기회를 얻는 것이다. 이를 통해 개인은 자신만의 독특한 가치를 창출하고, 사회에 긍정적인 영향을 미칠 수 있다.

세 번째 장점은 사회와의 관계를 새롭게 정립할 수 있다는 점이다. 백수의 삶은 기존의 사회적 관계에서 벗어나, 더 깊고 의미 있는 인간관계를 형성할 기회를 준다. 밤마다 친구들과 조용하고 아담한 술집에 모여 사상과 의미를 논할 수 있는 환경은 진정한 소통과 이해를 가능하게 한다. 삶의 다양한 측면에서 더 넓은 시야를 가지고 세상을 바라보게 만든다.

그렇다. 백수는 철학자다. 세상을 걱정하고, 가족과 자신을 하루 종일 되돌아보는!

또한, 백수의 삶은 우리에게 더 나은 세상을 상상할 기회를 준다. 현대 사회의 문제들—범죄, 자살률 증가, 우울증—이 줄어들 가능성을 탐색하고, 더 나은 삶의 모델을 고민하는 시간. 개인의 문제를 넘어, 사회 전체의 질적 변화를 이끌어낼 수 있는 잠재력을 가진다.

결국 백수를 꿈꾼다는 것은 단순한 게으름이 아니다. 자신과 사회에 긍정적인 변화를 불러오고자 하는 깊은 바람에서 비롯된 것이다. 시간의 주인이 되어 진정한 자유와 행복을 추구하는 일이다.

거창하게 백수에 대해 적어봤다. 하지만 결국 우리는 백수가 될 수 없다. 주변의 시선, 사고 싶고 갖고 싶은 것들. 월세, 대출이자, 각종 비용. 사회적 위치, 남녀관계, 부모 자식 관계….

이 외에도 수많은 이유와 역할이 우리를 백수라는 멋진 배역의 주인공이 되지 못하게 만든다. 남들이 보기에는 노는 것 같지만, 실제로는 치열하고 고도화된 취미에 가까운 일을 하는 삶.

꿈 같은 말이지만, 그러한 최적화를 이룬다면 모든 일은 일이 아니기에 외형적으로는 백수가 아니지만 내면적으로는 백수인 상태. 남들이 볼 땐 성실하게 일을 하는 사람이나, 자신이 볼 땐 일을 전혀 하지 않는 사람.

  이것이야말로 우리가 꿈꾸는 백수의 삶이다.

숫자로는 보이지 않는 일

사람은 논리가 아니라 감정에 의해 움직인다.

데일 카네기

 신규 매장을 열고 기존 매장을 돌며 운영 상황을 점검했다. 점장과 직원들을 교육하고, 재료를 발주하고, 매출을 분석하고, 동선을 체크하고 하루가 어떻게 지나가는지 모를 만큼 분주한 나날이었다. 프랜차이즈 슈퍼바이저로서 매장의 흐름 전체를 책임지는 일. 결코 쉬운 일은 아니었지만, 익숙해지면 감당할 수 있는 일이었다.

하지만, 그 모든 일보다 훨씬 더 어렵고 까다로운 게 있었다. '사람'을 관리하는 일이었다. 처음에는 단순한 일처럼 보였다. 정해진 매뉴얼이 있고, 그걸 잘 따르게 하면 될 줄 알았다. 하지만 현실은 달랐다.

각 매장의 점장들은 저마다의 스타일이 있었다. 꼼꼼하지만 소통이 부족한 점장, 유하지만 운영이 엉망인 점장. 직원들도 제각각이었다. 대학생, 주부, 경력자, 초보자까지 성격과 태도가 다 다른 사람들이 한 매장에서 일하고 있었다.

어떤 매장은 매출이 좋아도 분위기가 뒤숭숭했고, 어떤 매장은 매출은 낮아도 팀워크가 좋았다. 그때 알았다. 관리라는 건 단순한 숫자의 문제가 아니라는 것.

특히 신규 오픈 매장은 매번 전쟁이었다. 가게를 세팅하고, 직원 교육을 하고, 첫 손님을 맞이하기까지. 모든 게 완벽하게 준비되어야 했지만, 현실에서는 늘 예상치 못한 일들이 벌어졌다. 가게 문을 열기 직전, POS 시스템이 갑자기 멈추기도 했고, 재료가 배송되지 않아 부랴부랴 근처 매장에서 공수한 적도 있었다.

하지만 그중에서도 가장 변수는 사람이었다. 오픈 직전에 직원이 갑자기 나오지 않거나, 예상보다 주문이 몰려서 주방이 마비되기도 했다. 점장은 초조해하고, 본사는 실시간으로 매출을 지켜봤다.

이런 순간들을 겪으면서 깨달았다. 사람을 관리하는 일은 업무를 조율하는 것이 아니라 감정을 조율하는 일이라는 것을. '이렇게 하세요' 한 마디로 끝나지 않았다. 각자의 입장을 듣고, 이해하고, 때로는 달래고, 필요할 땐 조율하고, 조용히 한발 물러서야 했다.

스트레스도 많았다. 직원들이 그만두겠다고 갑자기 연락이 오기도 했고, 점장이 본사의 방침을 이해하지 못해 갈등이 생기기도 했다. 때로는 매출이 기대보다 낮아 본사에서 압박을 받기도 했다. 하지만 매출 그래프와 보고서만으로는 절대 보이지 않는 '사람 간의 문제'가 가장 큰 난관이었다.

"결국 모든 일은 사람이 하는 거구나."

프랜차이즈라는 거대한 시스템 속에서도, 결국 매장을 운영하는 건 사람이고 손님을 응대하는 것도 사람이고 음식을 만드는 것도 사람이었다. 그리고 나는 그 사람들과 함께 일하는 사람이었다.

그 시간은 힘들었지만 배운 것도 많았다. 숫자가 아닌 사람을 보는 법, 감정을 읽고 분위기를 조율하는 법, 때로는 한발 물러서야 하는 타이밍. 어떤 일이든 '사람과 함께한다'는 점이 가장 어렵다는 걸 그때 알았다.

지금도 가끔 생각한다. 그 수많은 매장과 직원들, 그리고 함께했던 점장들. 아마 지금도 각자의 자리에서 매장을 운영하며, 저마다의 방식으로 사람을 관리하고 있겠지. 그리고 나 역시, 그때의 경험을 밑바탕 삼아 또 다른 방식으로 '사람을 대하는 법'을 배워가고 있다.

일단 시작했고,
그다음은 버텼다

기회는 대개 노력하는 사람의 옷을 입고 조용히 다가온다.

토머스 에디슨

30대 초반, 그림을 포기하고 고향으로 내려왔다. 어릴 때부터 미술을 좋아했고, 대학에서도 그림을 전공했지만, 현실은 녹록지 않았다. 더 이상 그림만으로는 살 수 없을 것 같았다. 그렇게 붓을 내려놓고 엄마 가게에서 일을 도왔다.

하지만 계속 이곳에 머무를 순 없었다. 뭔가 새로운 걸 해보고 싶었다. 그러다 떠오른 게 쇼핑몰이었다. 인터넷에서 물건을 사고파는 세계가 흥미로웠다. 경력이 없던 내가 할 수 있던 건 쇼핑몰의 물류 팀에서 포장과 박스 나르기, 출고 작업이었다.

"이거 포장 속도 좀 더 올려야 해!"
"택배 마감 시간 얼마 안 남았어, 빨리빨리!"

박스 테이프를 붙이고, 상품을 스캔하고, 바코드를 확인하고, 쉴 틈 없이 손을 움직였다. 택배 마감 시간이 다가올수록 공기는 팽팽해졌고, 모두가 눈에 불을 켜고 일했다. 땀범벅이 되어 일하면서 생각했다.

"이제 막 시작한 거야. 버텨보자."

그렇게 죽으라고 열심히 일했다. 포장도 빠르게 하고, 물류 흐름도 익히고, 모르는 건 바로 질문했다. 회사에서는 나를 좋게 봐주었고 3개월쯤 지나자, 사무실로 올라오라는 연락이 왔다.

  사무실은 또 다른 전쟁터였다. 운영팀에서 업무 보조를 맡게 되었다. 그런데 내 자리가 회장과 이사 사이였다. 회장은 거칠고 직설적인 성격이었다. 지나가며 "야, 그거 자료 봤어?", "이거 왜 이렇게 늦어?" 같은 말을 툭툭 던졌다. 이사는 반대로 꼼꼼했고, 모든 걸 세세하게 확인했다. "이거 엑셀 자료 다시 정리해 봐", "보고서에 빠진 내용이 있네, 수정해 와"
  양쪽의 요구를 받아 가며 보고서를 고치고, 주문 데이터를 정리하고, 매출을 분석했다. 몸을 쓰던 포장팀과 달리, 이제는 머리를 써야 했다. 그럼에도 생각은 같았다.

"버텨보자."

들어올 때부터 들었던 말이 있었다.
"이 자리? 다들 3개월이면 그만둬."

회장과 이사 사이에서 버텨야 하고, 업무 강도가 높아 오래 못 버틴다는 소문이 돌았다. 하지만 나는 포장팀에서 하루 종일 뛰어다니던 시간보다 이 일이 더 어려울 거라고는 생각하지 않았다. 오히려 쇼핑몰 운영을 하나씩 배워가는 게 재미있었다.

시간이 지나 업무에 익숙해지면서 내 역할도 커졌다. 데이터 관리에서 상품 기획, 매출 분석까지 점점 일의 범위가 넓어졌다. 그리고 4년 후, 나는 과장이 되었다.

이 일을 하며 가장 크게 배운 건 '처음부터 원하는 자리에 갈 수는 없다'는 사실이었다. 하지만 버티면서 배운다면 언젠가 기회는 온다.

포장팀에서 시작한 나는 그 시간을 통해 쇼핑몰이 어떻게 돌아가는지 밑바닥부터 배웠고, 그랬기에 지금의 자리에 올 수 있었다. 지금 생각해 보면, 그 4년은 힘들었지만 값진 시간이었다. 업무만 배운 게 아니라 버티는 법, 배우는 법, 그리고 기회를 잡는 법을 배웠다.

결국 중요한 건 '어디서 시작했느냐'가 아니라 '어떻게 버텨내고 성장하는가'다.

버텼기에 남은 것들

사람은 상황에 의해 만들어지는 것이 아니라, 그 상황에 어떻게 반응하느냐에 따라 만들어진다.
빅터 프랭클 「죽음의 수용소에서」

대학생 때 휴학하고 1년 넘게 레스토랑 주방에 있었다. 스파게티, 필라프, 돈가스, 스테이크까지 메뉴는 다양했고, 처음엔 요리를 배우는 것도 나쁘지 않겠다 싶었다. 하지만 그곳은 요리를 배우는 공간이라기보다 전쟁터에 가까웠다.

"너 여기서 일해?"

출근 첫날, 나는 주방에서 뜻밖의 얼굴을 만났다. 초등학교 때 아주 친했던 동창. 매일 붙어 다니던 친구와 이렇게 어른이 되어 다시 만날 줄이야.

우리는 금방 친해졌다. "야, 설거지 좀 빨리해", "야, 필라프 뒤집는 거 이렇게 하면 안 돼" 같은 말들을 농담처럼 던지면서 서로 의지했다. 하지만 우정만으로 버티기에는, 이곳은 너무 험난했다.

괴팍한 사장과 끝없는 클레임. 장사는 잘됐지만, 사장은 직원들에게 관심이 없었다. 정확히 말하면 '잘못된 방식'으로 관심을 가졌다. 손님이 많아 주방이 정신없이 돌아가는 날이면, 사장은 밖에서 한가롭게 담배를 피우다가 갑자기 뛰어 들어와 호통을 쳤다.

"왜 음식이 이렇게 늦어? 손님 기다리는 거 안 보여?"

우리는 땀을 뻘뻘 흘리며 주방 안에서 정신없이 움직이고 있었다. 오히려 우리가 묻고 싶었다. '그럼 좀 도와주시든가요.'

사장은 도와주기는커녕, 음식이 조금이라도 늦으면 앞에서 손님에게 사과하며 "우리 주방 애들이 아직 경험이 부족해서요" 같은 말을 했다. 그러면 손님은 더 화를 냈고, 그 화살은 고스란히 주방으로 돌아왔다. 특히 클레임이 들어오는 날이면 더 난리였다.

"이거 스테이크 너무 익었잖아!"
"필라프 밥이 좀 딱딱한데?"

주방은 점점 긴장감이 팽팽해졌고, 우리는 사장의 눈치를 보며 더욱 정신없이 움직였다. 횡포와 집단 퇴사, 그리고 나에게 닥친 난관. 하지만 이 모든 것보다 힘들었던 건 주방장의 횡포였다. 그는 오래된 직원이었고, 자기 방식대로 주방을 휘둘렀다. 후임들에게 일정을 알려주지도 않았고, 일이 조금만 틀어져도 욕설이 날아왔다. 어느 날은 주문이 폭주한 상황에서 직원들의 머리를 툭 치며 말했다.

"야, 네가 만든 스파게티 맛이 왜 이래?"

그날 이후로 주방의 분위기는 더욱 험악해졌고, 결국 주방장을 포함한 집단 퇴사 사태가 벌어졌다. 그리고 나는 막내에서 단숨에 '주방을 이끌어야 하는 사람'이 되었다.

새로운 주방장이 들어왔고, 그에게 모든 요리의 레시피와 가게 운영 방식을 알려줘야 했다. 경험도 부족한 내가 그를 가르쳐야 했다. 익숙해지지 않은 주방에서 실수가 반복되었고 주문은 쌓여만 갔다.

"나도 그만둬야 하나."

여러 번 고민했지만 그만둘 타이밍을 놓쳤고, 어느새 버티고 있는 나를 발견했다. 마냥 버티는 게 답은 아니지만 배운 건 있었다. 나는 1년 넘게 그곳에서 버텼다. 주방장도 바뀌었고 동창도 먼저 떠났지만, 나는 끝까지 남아 있었다. 그리고 마지막 근무일에 생각했다.

"사람을 상대하는 게 요리를 배우는 것보다 훨씬 어렵다."

요리는 연습하면 실력이 는다. 하지만 사람은 연습으로 익힐 수 없다. 사장의 기분, 손님의 반응, 주방의 분위기, 직원들의 일탈. 이 모든 변수는 늘 예측 불가였다.

요리보다 삶을 배웠다. 사람은 기대한 대로 행동하지 않는다. 일은 계획대로 흘러가지 않는다. 하지만 그런 환경 속에서도 우리는 적응하고, 버텨내고, 새로운 길을 찾아간다.

지금도 가끔 그 주방을 떠올린다. 그곳에서 다시 일하고 싶냐고 묻는다면, 절대 아니라고 말할 것이다. 하지만 그 경험이 없었다면 지금의 나는 또 다른 모습일지도 모른다.

결국 힘들었던 시간도 내 삶의 한 조각이 되었다.

데미안이 내게 말했다

당신이 할 수 있다고 믿든, 할 수 없다고 믿든,
믿는 대로 될 것이다.

헨리 포드

고등학교 시절, 데미안 같은 친구가 있었다. 그는 가난했지만 강직했고, 우등생이었다. 반에서 거의 꼴등이었던 나는 그를 동경했다. 그는 언제나 흔들림 없이 자신의 길을 가는 사람이었다. 반면 나는 목표 없이 하루를 흘려보내고 있었다. 어느 날, 그는 나에게 말했다.

"정환아, 네가 그림 좋아하는 건 아는데, 이 정도 성적이면 어느 대학도 못 간다."

가볍게 던진 한마디였을지도 모른다. 하지만 내겐 전기가 흐르는 듯한 충격이었다. 나는 단 한 번도 '대학에 가야 한다'라는 생각을 해본 적이 없었다. 성적은 370명 중 350등. 공부를 잘하고 싶다는 의욕도 없었고, 애초에 될 거라 믿지도 않았다. 하지만 그 한 마디는 내 현실을 있는 그대로 직면하게 만들었다. 그날 이후, 나는 책을 펼쳤다.

기초가 없던 나는 무작정 하루 16시간 이상 공부했다. 몸이 망가지는 걸 느꼈지만 밀어붙였다. 눈에 염증이 생기고, 오랜 시간 앉아 있던 탓에 엉덩이엔 종기까지 났다. 병원에서는 쉬라고 했지만 쉴 수 없었다. 오랜 시간 같은 자세로 앉아 있다 보니, 결국 몸이 비명을 질렀다.

그 이전에 가장 먼저 '공간의 벽'을 마주했다. 학교에는 우등생 전용 자습실이 있었다. 오직 상위권 학생들만 출입 가능한 그곳에, 나는 자격이 없었다. 하지만 그딴 게 무슨 상관인가?

나는 무작정 찾아갔다.

"저도 여기서 공부하고 싶습니다."
담당 선생님은 어이없다는 듯 쳐다봤다.
"네 성적으로? 여긴 좀 힘들 텐데."
나는 굴하지 않았다.
"그냥 한 번만 기회를 주세요. 정말 열심히 하겠습니다."

그렇게 나는 우등생들 사이에 앉아 공부를 시작했다. 처음엔 압도당했지만, 그들의 필기 방식, 문제 접근법, 질문하는 태도를 보며 조금씩 배워나갔다.

국어 성적은 조금씩 오르고 시작했다. 당시 국어 선생님은 따뜻한 분이었다. 성적이 낮은 학생들에게도 친절했고, 격려를 아끼지 않았다. 반면 영어 선생님은 애초에 나 같은 학생들에게 관심이 없었다.

"이 정도는 다 아는 거 아니야?"
"어차피 너네는 이 문제 몰라도 돼."

가끔은 대놓고 무시했다. 나는 그 말이 더 분했다. 그래서 더 독하게 공부했다. 영어 단어장을 통째로 외우고, 문법책을 달달 외웠다. 누군가는 영어를 감으로 풀었지만, 나는 공식처럼 암기해서 풀었다. 결국 대단한 대학은 아니었지만, 당시에는 꿈도 꾸지 못했던 대학에 입학했고, 국문학을 복수전공해 졸업했다.

나는 가끔 생각한다. 그 한마디가 없었다면, 나는 끝까지 무기력하게 흘러가고 말았을까. 삶은 때때로, 단 한마디에 의해 전환된다. 그리고 그 말을 듣고 '그래, 한번 해보자'라고 결심하는 순간, 모든 것이 달라진다. 눈에 염증이 생기고, 엉덩이에 종기가 나면서까지 버텼다. 그리고 결국 '할 수 없는 것'이라 믿었던 세계의 문을 열었다.

나는 여전히 그 친구를 떠올린다. 마치 「데미안」 속 싱클레어에게 새로운 세계를 보여주었듯, 그는 나에게 '할 수 있다'는 가능성을 보여주었다. 그리고 지금도 가끔 생각한다.

"그때 그 말을 듣고도 아무것도 하지 않았다면, 내 인생은 어떻게 달라졌을까?"

 언젠가 누군가에게 나도 그런 한 마디를 건넬 수 있는 사람이 되고 싶다.

색연필로 쓴 인생 계획서

사람은 그가 왜 해야 하는지를 알면, 거의 모든 '어떻게'를 견딜 수 있다.
프리드리히 니체 「차라투스트라는 이렇게 말했다」

초등학교 영어학원의 주된 업무는 자습지도, 시험지 정리, 출석 체크, 교실 청소 같은 단순한 일이었지만, 학원에 오래 있다 보니 자연스럽게 학생들과 친해졌다.

그중에서도 학생 두 명이 유독 눈에 띄었다. 매일 시험에 떨어지고 매일 자습을 하는 아이들. 수업이 끝나도 집에 가지 못하고 남아 공부하는 게 일상이었다. 학원에서는 그걸 '학습 강화'라고 불렀지만, 내 눈에는 그냥 '벌칙'처럼 보였다.

그러던 어느 날, 나는 별생각 없이 아이들에게 말했다.
"오늘은 재시험 말고, 다른 걸 해볼래?"

아이들은 의아한 표정을 지었다. 그럴 만도 했다. 원래라면 다시 시험을 치러야 했으니까.
나는 아이들을 조용한 교실로 데리고 가서 종이와 색연필을 나눠줬다.

"이제부터 80세까지, 너희 인생을 기획해 봐. 어떤 사람이 되고 싶은지, 꿈이 뭔지, 적거나 그려 봐."

처음엔 멍한 표정을 짓던 아이들이 이내 펜을 들었다. 한참을 고민하더니, 하나둘씩 자신의 미래를 적어 내려갔다. 한 아이는 과학자, 다른 아이는 게임 개발자가 되고 싶다고 했다. 나는 질문을 던졌다. "어떤 과학자가 되고 싶어?", "어떤 게임을 만들고 싶어?" 아이들은 점점 더 구체적으로 자신의 꿈을 이야기했다.

그렇게 한참 이야기하다가, 나는 마지막으로 이렇게 말했다.

"그러려면 일단 시험부터 통과해야 하지 않을까?"

그날 이후 변화가 일어났다. 아이들은 갑자기 공부하기 시작했다. 시험을 통과하기 위해서가 아니라, 자신이 원하는 미래를 위해서.

며칠이 지나자 아이들은 더 이상 시험에 떨어지지 않았다. 자습실에도 남지 않았다. 어느새 우등생이 되어 있었다. 그리고 나는… 원장실에 불려갔다.

"알바가 뭔데, 마음대로 학원 규칙을 바꿔?"

엄격한 표정으로 질책하던 원장은 한숨을 쉬더니 말했다.

"근데 애들이 갑자기 성적이 올랐어. 대체 뭘 한 거야?"

그렇게 나는 한바탕 꾸중을 들은 뒤, 애매한 칭찬을 받았다. 그때 깨달았다. 사람은 강요해서 변하는 게 아니라, 스스로 '왜'

해야 하는지를 깨달아야 변화한다는 것.

시험에 떨어지고 자습하는 게 그저 벌칙이 아니라, 자기 꿈을 위한 과정이 된 순간 아이들은 달라졌다. 그리고 나 역시, 단순한 아르바이트 이상의 경험을 하게 되었다.

그 두 아이는 지금쯤 어떤 모습일까? 과학자가 되었을까, 게임을 만들고 있을까.

어쩌면 그날 나눴던 짧은 대화가 누군가의 인생에 작은 영향을 미쳤을지도 모른다. 아르바이트치고 꽤 괜찮은 경험이었다.

출산, 선택이 없는 선택지

아이를 키우는 데는 온 마을이 필요하다.

아프리카 속담

얼마 전, 뉴스에서 또다시 출산율이 떨어졌다는 보도를 봤다. 0.72명, 세계 최저. 이젠 숫자 그 자체보다, 그 안에 담긴 '이유들'이 더 중요하게 느껴졌다.

생각해 보면 내 주변에도 아이 없이 살아가는 부부가 꽤 있다. 그들은 아이를 낳지 않은 게 아니라, 자신의 삶을 먼저 지키는 쪽을 선택한 것이었다.

한 부부는 결혼 후에도 늘 자유롭고 단단한 삶을 살아간다. 둘이 함께하는 시간, 여유, 일상의 만족감. 그 모든 것이 충분하다고 말한다.

"우린 지금 행복해요. 아이를 사랑하지 않는 게 아니라, 지금의 이 삶도 소중하다고 느끼는 거예요."

그 말은 무책임이 아니라 자기 삶에 대한 책임감 있는 태도였다.

또 다른 부부는 아이를 원하지만, 현실이 녹록지 않다고 말했다. 직장에서는 눈치를 봐야 하고, 출산휴가를 썼다간 복직 후 자리를 잃을까 두렵다고. 퇴근하면 파김치가 되고, 주말에는 겨우 숨 돌리는 일상 속에 아이를 더하는 건 상상조차 어렵다고 했다.

"아이를 낳는 건 축복이어야 하는데, 지금 사회에선 그게 짐처럼 느껴져요."

아이를 낳아 키우고 있는 또 다른 친구는 하루하루가 버티는 일이라고 말했다. 몸이 힘든 건 둘째 치고, 아직도 육아의 대부분은 '엄마의 몫'으로 남아 있다는 사실. 밤중 수유, 어린이집 등원, 편식 투정, 그 모든 것들이 경력이 끊기지 않도록 발버둥 치는 삶 속에 있다.

그 친구는 조용히 말했다.
"나는 내 아이를 정말 사랑하지만, 지금 상황에서 또 아이를 낳겠느냐고 묻는다면 쉽게 대답할 수 없을 것 같아."

그 이야기를 듣고 나서야 출산율이라는 단어가 훨씬 더 인간적인 얼굴을 갖게 되었다. 이건 통계가 아니다. 누군가의 고민, 누군가의 눈물, 그리고 조용히 내려놓은 어떤 선택의 기록이다. 그래서 나는 더 이상 아이를 낳지 않는 사람들을 쉽게 말할 수 없다. 그 안에는 다 말하지 못한 사정이 있고, 그 누구보다 깊이 고민한 흔적이 있다.

누군가는 "아이 없는 삶도 괜찮다"고 말하고, 또 다른 누군가는 "아이를 낳고 싶지만 겁난다"고 말한다. 각자의 사정은 다르지만 그 안에 담긴 마음들은 놀랍도록 닮았다. 지금보다 더 나은 환경에서 살고 싶다는 간절함. 사랑하는 사람과 무너지지 않고 살아가고 싶다는 바람.

이런 이야기들이 더 많이 들리고, 더 많이 이해받아야 한다. 지금 우리가 필요한 건 '출산율을 높이자'는 구호가 아니라 누군가의 진짜 이야기에 귀 기울이는 자세다. 그래야 비로소 낳을 수 있는 환경에 대한 진짜 고민도 시작될 수 있다.

용서가 없는 세상

약한 자는 절대 누군가를 용서할 수 없다. 용서는 강한 자의 특권이다.

마하트마 간디

요즘 우리 사회를 보면 마음이 무거워진다. 누군가를 치켜세우다가도 금세 외면하고, 작은 실수에도 가혹한 비난을 쏟아내는 모습을 자주 목격한다. 나도 가끔은 웃는 얼굴 뒤에 진짜 생각을 숨긴다. 솔직히 말하면, 우리 모두 한 번쯤은 다른 사람의 성공이 부럽고 질투가 났던 적이 있지 않을까.

불안함이나 열등감을 나도 모르게 다른 사람에게 투영할 때가 있다. 강한 사람 주변에 모여들었다가, 그 사람이 흔들리는 순간 등을 돌린 경험도 있다. 집단의 비난 속에서 묘한 연대감을 느끼기도 했다. 그런 순간이 지나고 나면 어김없이 후회가 밀려왔다.

비판은 나쁜 것이 아니다. 하지만 감정에 휩쓸려 누군가를 깎아내릴 때, 그 순간의 통쾌함 뒤에 찾아오는 공허함을 나는 잘 안다. 나도 한때는 SNS에서 누군가를 향한 비난에 동조했던 적이 있다. 그때의 내 모습을 떠올리면 지금도 얼굴이 붉어진다.

용서와 이해. 말은 쉽지만 실천하기는 정말 어렵다. 누군가에게 상처받았을 때, 그 아픔을 품고 살아가는 건 생각보다 더 괴롭다. 하지만 시간이 지나고 나니, 분노를 놓아주는 편이 내 마음이 더 편했다. 예전에는 용서가 약한 사람의 선택이라 생각했다. 하지만 이제는 안다. 진심으로 용서하는 데 필요한 용기와 힘은 결코 작지 않다는 것을.

요즘은 사소한 일에도 쉽게 화가 난다. 운전 중에 끼어든 차 한 대에 온종일 기분이 상하고, 모르는 사람의 말 한마디에도 상처받는다. 그럴 때마다 생각한다. 내가 왜 이렇게 예민해졌을까? 혹시 내 안에 있는 불안 때문은 아닐까.

얼마 전, 오랜만에 만난 친구가 나를 용서해줬다. 내가 무심코 던진 말에 상처받았다면서도, 웃으며 괜찮다고 말했다. 그 순간 친구의 모습이 참 단단해 보였다. 나도 언젠가 그런 사람이 되고 싶다는 생각이 들었다.

아직은 어렵다. 하지만 노력해볼 만한 일이다.
조금만 더 느긋하게, 조금만 더 날카롭게.
나도 누군가의 마음을 살리는 사람이 되고 싶다.

증발하는 사람들

사람은 두 번 죽는다. 한 번은 숨이 멎을 때, 그리고 또 한 번은 모두의 기억에서 잊혀질 때.

리카르도 피글리아

일본 사회에는 '조하츠'라고 불리는 현상이 있다. '증발'이란 뜻의 이 현상은 경제적 어려움, 가족 문제, 사회적 압박에서 벗어나고자 하는 사람들이 밤중에 조용히 사라지는 자발적 증발 현상을 말한다. 이들은 과거를 지우고, 현재에서 벗어나 새로운 시작을 꿈꾼다. 이 현상은 단순한 실종이 아니다. 현대 사회가 개인에게 가하는 보이지 않는 압박을 반영한다. 개인의 극단적인 선택이자, 일본 사회의 구조적인 문제점을 드러내는 거울이다.

이들은 스스로가 갇혔다고 느낀다. 출구 없는 현실 속에서 유일한 탈출구를 찾아 떠난다. 개인정보 보호 법률은 그들이 완전히 새로운 삶을 시작할 수 있는 방패가 되어준다. 익명성을 보장하고, 동시에 그들을 찾으려는 시도를 어렵게 만든다. 결국 그들은 어디에서도 찾을 수 없는 존재가 된다.

우리는 질문해야 한다. 어째서 사람들은 사라질 수밖에 없었을까. 사회는 왜 그들을 붙잡지 못했을까. '조하츠'는 개인의 선택으로 보고 끝나는 게 아니라, 현대 사회의 균열을 드러내는 신호다.

우리는 서로에게 더 많은 관심을 가져야 한다. 누군가가 사라지기 전에, 그들의 목소리를 듣고 손을 내밀 수 있어야 한다. 진정으로 건강한 사회란, 개인이 보이지 않는 벽에 갇히기 전에 그들에게 길을 열어주는 곳이어야 한다.

5장

내가 사랑하는 사람들과 만든 이름들

부모, 연인, 아이, 그리고 가족이라는 관계에 대하여

사랑이 있었을까,
그 질문의 끝에서

> 부모를 용서할 때, 비로소 어른이 되기 시작한다.
> 루이즈 헤이 「당신의 삶을 치유할 수 있다」

어느 가정이든 속사정이 있다. 내 가족도 그랬다. 오래전 부모님은 이혼하셨고, 각자의 사람을 만나 서로 다른 지역에서 살고 있다. 아버지, 어머니, 누나, 그리고 나. 우리는 모두 흩어져 살았다.

그 시간 동안 고통도 괴로움도 많았지만, 나는 단 한 번도 진심으로 부모를 원망해 본 적은 없었다. 부모는 부모고, 나는 나다. 환경이 나를 지배할 수 없고, 지배되어서도 안 된다고 믿었다. 스무 살 이후의 나는 완전히 독립된 개체라고 생각했다.

물론 원망할 일이 없었던 건 아니다. 갑자기 어머니 가게 테이블에 앉아 이혼하겠다고 말하러 온 아버지. 새벽에 모르는 남자가 문을 발로 차고 쏟아지는 빗속에서 서로를 쫓던 일. 서로 한마디도 없이 외면한 채 맞은 상견례. 보고 싶지 않았던 각자의 새로운 사람들. 서로를 향한 끝없는 험담, 분노, 경멸…. 생각해 보면 아주 지독한 일이 많았다. 하지만 그건 두 사람의 일이었다. 나는 나대로 살면 된다고 생각했다.

시간이 지나 결혼을 하고 아이가 생긴 후부터 부모님을 다시 생각하게 되었다. 자식의 앞날에 무관심하고 끝까지 자기 삶만을 고집하시던 그 모습. 참 씁쓸했다. 한편으로는 세대 차이인가 싶다가도, 내가 그동안 부모를 향한 원망을 미화하며 덮고 있었던 건 아닌가 하는 생각도 들었다. 어른스러운 척, 당당한 척, 아무렇지 않은 척 말이다.

결혼식을 준비하며 부모의 진심을 느꼈다. 겉으로는 자식을 위하는 척했지만, 실제로는 아무것도 해주고 싶지 않아 하는 마음. 어쩔 수 없이 참석했다는 인상.

'그래, 부모님도 힘드셨겠지. 나도 이제 어른인데 상관없어. 내가 알아서 잘 살면 되지.'

그래 맞는 말이다. 하지만 경제적인 지원 여부를 떠나, 나에 대한 사랑, 자식에 대한 사랑이 부모님에게 진정으로 있었는지 궁금해졌다. 있었다면 왜 이렇게 변질되고 형체도 남지 않았는지 알 수 없다.

작년에 태어난 딸을 보면 정말 귀엽다. 작은 천사라는 말이 딱 어울린다. 딸에게 나란 사람이 전부일 수 있다고 생각하면 눈물이 난다. 나중에 대학도 가고, 직장도 갖고, 결혼도 하겠지. 그런데 만약 과거의 나처럼 완전히 혼자가 되고 경제적으로도 어려운 상황에 빠진다면, 아무도 도와주지 않는다면… 도저히 그건 용납할 수 없다.

이제 나는 부모다. 내 부모에게 불평이나 과거의 일을 들추는 건 더 이상 의미 없다. 앞으로 내가 할 일은 내 자녀를 더욱 사랑하고 내 가정을 소중히 여기는 것이다.

나의 부모님은 각자의 생을 건강하고 즐겁게 사시길 바랄 뿐이다.

가족이라는 이름으로

행복한 가정은 모두 비슷하지만, 불행한 가정은 저마다 다르다.

레프 톨스토이 「안나 카레니나」

누나를 떠올리면 우선 미안하다. 그리고 고맙다. 누나는 가정형편 때문에 원하는 대학에 가지 못했고, 몇 차례 수술로 병원 신세를 지기도 했다.

결혼 후 두 번의 출산으로 우울증까지 겪었다. 결혼식 축의금마저 한 푼도 손에 쥐지 못하고 집안의 빚을 갚는 데 썼다.

열심히 살아보려고 매형과 작은 가게를 여럿 해봤지만 모두 실패했었다. 결국 더 많은 빚을 지게 되었다. 참담한 상황이었다.

 당시 나는 공감할 수 없었다. 아니 사실 외면하고 있었다. 나 역시 빚에 시달리고 있었고 정서적으로 불안정한 어머니를 모시고 있었다. 화가라는 꿈을 접고 고향으로 돌아와 미래도 없는 방 안에 혼자 있었다. 완전히 집을 떠난 아버지는 오래전부터 다른 사람과 살고 있었고 그 어떤 관심이나 도움도 주지 않았다. 새벽이면 모르는 남자가 문을 두드리고 고함치는 일도 있었다.

 나는 제대로 배운 것도 없었고, 할 수 있는 것도 없었고, 취직할 수 있는 자격도 없었다. 세상은 복잡하고 높은 성벽 같았다. 문을 열고 나가면 한 치 앞도 보이지 않는 거대한 우주. 나를 둘러싼 모든 것이 미스터리처럼 느껴졌다. 나는 그것을 해결할 능력이 없었고 무지했다. 이제 끝이다. 희망이 없다고 생각했다.

가족은 해체되었고, 서로를 돌보지 않았다. 서로가 서로를 증오하고 원망했다. 그렇게 자연스럽게 방치되었다. 서로가 서로를 잊어버리고 각자 다른 도시로 흩어졌다.

오랜 시간이 흐른 뒤, 우연히 누나의 집 근처로 이직과 이사를 하게 되었다. 그 후 자연스레 왕래하게 되었다. 전보다 자주 만나고, 누나 가게나 집에도 자주 들르고 연락도 자주 주고받았다.

누나는 행복해 보였다. 아버지는 바닷가로 이사해 얼굴이 많이 좋아졌다. 어머니는 산이 많은 시골에 정착해 평생 달고 살던 비염이 사라졌다.

참 아이러니했다. 이렇게 서로 각자의 인생을 살고 흩어지니 예전보다 불화도 없고 모두 행복했다. 같은 집에서 시작했지만 지금은 전혀 다른 공간에서 각자의 행복을 누리며 살고 있다.

어쩌면 우리는 서로에게 가정의 행복을 강요하고 있었을지도 모른다. 서로 다른 사람을 만나고, 서로 모르는 이가 생기고, 한 번도 본 적 없는 얼굴로, 보이지 않았던 미소와 웃음을 보고, 숨겨왔던 눈물을 마주하고. 밝게 밝혀진 테이블에서, 불이 꺼진 거실에서, 비어 있는 식탁에서, 불이 꺼진 현관 앞에서 우리는 잠시 머무르다 다시 자신의 자리로 돌아간다.

'우리'라는 이름으로 함께 있었던 사람들은 이제 '가정'이라는 새로운 단어 속에서 각자의 행복을 만들어간다.

누나에 대한 걱정은 어쩌면 나의 착각인지도 모른다. 아니면 서로에 대한 완전한 무관심이 각자의 평화를 지키는 방식일지도 모른다.

하나 확실한 것은 과거와 다르게 흩어진 가족이 전보다 더 행복한 하루를 보내고 있다. 그냥 지켜보는 것. 그게 최선이란 것을 이제는 알고 있다.

부부라는 단어가 무겁게 느껴진 날

결혼은 두 사람이 서로를 끝없이 이해하려는 노력을 멈추지 않을 때 지속된다.

에릭 프롬 「사랑의 기술」

아파트 근처 편의점으로 가던 길이었다. 2층 발코니 쪽에서 누군가 소리치고 싸우고 있었다. 얼마 전 이사를 온다고 창문부터 구석구석 리모델링을 오랫동안 한 신혼부부 집이었다.

둘 다 퇴근 후 집으로 돌아와 집안일을 하다가 말다툼이 시작된 듯했다. 서로 자신이 한 일에 대해 말하고 상대방은 제대로 하는 일이 없다는 식으로 싸우고 있었다. 소리가 얼마나 큰지, 지나가던 사람들이 전부 고개를 돌릴 정도였다.

"나는 내가 할 거 다 했어."
"뭘 다해! 내가집에 와서 애 씻기고 밥 차릴 동안 당신은 뭐 했어?"
"잠깐 힘들어서 쉰 거야. 왜 그렇게 난리야!"
"언제나 그 모양이지. 그러니까 내가 고생하는 거야! 당신은 전혀 모르지!"
"나도 야근하고 일이 많아서 그런 거야. 내가 일부러 그랬어?"

그 뒤로는 욕설이 이어졌다. 뭔가를 집어던지는 소리도 들렸고, 분위기는 엉망이었다. 편의점에서 맥주와 안주거리를 사고 돌아오는 길에도 그들은 여전히 싸우고 있었다. 여러 가지 생각이 들었다.

둘 다 고생하고 있는데, 대체 무엇이 잘못된 걸까. 서로를 이해하기에는 현실이 각박한 걸까. 서로를 사랑했기에 결혼했을 텐데, 지금은 서로를 향해 증오의 말을 쏟아내고 있다. 행복하기 위해 결혼을 하고 같이 살고 아이를 낳고 가정을 꾸려서 평생을 함께하자고 약속했을 텐데. 그 일이 서로의 목을 조르고, 스트레스를 불러일으키고, 결국 '결혼 지옥'이라는 끔찍한 단어까지 만들어냈다.

어떻게 결혼이란 단어 뒤에 지옥이란 단어를 붙일 수 있을까? 그것은 마치 '행복'이라는 말 뒤에 '파멸'을 붙이는 것만 같다. 사회통념 때문에 결혼이라는 가상의 행복을 선택하고, 이혼이라는 파멸로 몰고 가 본래의 자신을 되찾으려는 합리화로 보이기도 한다. '맞지? 내 말이 맞지? 결혼은 불행이지? 지옥이지? 자 그럼 난 내 멋대로 살 거야'라고.

사람마다 각자의 인생이 있고, 선택이 있다. 무엇이라 단언하긴 어렵다. 하지만 적어도 자신이 선택한 결혼과 태어난 자녀를 책임지려는 성숙한 모습이 필요하지 않을까.

세상의 모든 이들이 이렇게 싸우고 이혼을 한다면, 대부분의 아이들이 이혼 가정에서, 한부모 가정에서, 혹은 보호받지 못한 환경에서 세상을 시작해야 한다면, 그건 너무 슬프고 참담한 일이다.

어머니와 함께 자란 나로서는 부모가 없다는 것, 제대로 보호받지 못했다는 것이 아이에게 어떤 상처인지 안다.

거실에서 혼자 아이에게 분유를 먹이는 아내의 모습을 보면, 천사처럼 웃고 있는 딸을 보면, 그 모습은 세상 어떤 예술보다도 숭고하고, 그 무엇으로도 표현할 수 없는 부드러움이자 따뜻함이다.

차라리 로마사람들처럼 싸움의 이유를 신에게 돌리는 것이 더 나을지도 모른다. 그래, 각자의 신에게 책임을 묻자. 믿는 신이 없다면 오늘부터라도 무언가를 믿어보고 그 신을 욕하는 게 더 현명할지도 모른다.

지친 하루 끝에
가장 먼저 해야 할 말

가장 깊은 상처는 종종 우리에게 가장 가까운 사람에게서 비롯된다.

하리에트 러너 「The Dance of Anger」

퇴근길, 버스에서 내리자마자 집 앞 편의점 불빛이 반갑다. 어깨는 무겁고, 머리는 멍하다. 하루 종일 대답만 하고, 눈치만 보다가 겨우 도착한 '내 공간'. 문을 열면 따뜻한 불빛이 나를 맞이한다.

그런데 거실에는 장난감이 한가득이다. 책이며 블록, 퍼즐 조각들이 바닥을 점령하고 있다. 주방에선 아내가 유진이 밥을 먹이고 있다. 작은 숟가락을 들고 쩝쩝대는 아이, 그 옆에서 미소를 짓고 있지만 눈가에 피로가 선명한 아내. 그 모습을 보는 순간, 내 안에 있던 말들이 불쑥 튀어나왔다.

"하… 집이 왜 이렇게 어질러져 있어?"

아내는 말없이 숟가락을 멈췄고, 유진이는 나를 한 번 쳐다보더니 다시 밥을 먹는다. 말하고 나서야 깨달았다. 그 말이 어떤 감정에서 나왔는지를. 회사에서 받은 스트레스를 참느라, 기분 나쁜 말을 넘기느라, 억지웃음을 짓느라 나는 하루 종일 나를 눌러댔다. 그 감정들이 아무 잘못 없는 내 사람에게 흘러간 것이다.

우리는 참 이상하다. 길에서 누군가와 부딪히면 "죄송합니다"라고 말하면서 사랑하는 사람에게는 볼멘소리가 튀어나온다.

그날 밤, 유진이는 금세 잠들었다. 작은 손으로 이불을 꼭 잡고 자는 모습을 보자 괜히 미안했다.

조용한 거실, 우리는 나란히 앉아 있었고, 내가 먼저 입을 열었다.

"미안해. 나도 좀 지쳐서…."
아내는 짧게 고개를 끄덕였다.
"알아. 나도 그래."

그 말 한마디에 마음이 조금 녹는다. 오늘도 각자의 자리에서 우리는 충분히 애쓰고 있었다는 걸 확인하는 순간. 가장 소중한 사람에게 가장 먼저 화를 낸다는 건, 그만큼 마음이 열려 있다는 뜻이기도 하다. 하지만 마음을 열었다는 건 함부로 말해도 된다는 면허가 아니다.

이젠 안다. 아끼는 마음은 말 한마디에서 드러나야 한다는 걸. 지친 날일수록, 내가 제일 먼저 고맙다고 말해야 할 사람은 밖에서 만난 누군가가 아니라 늘 나를 기다려주는 그 사람이라는 걸.

조금씩 참으며 사는 모두가 집에서만큼은 서로에게 날카롭지 않기를 바라며 오늘은 먼저 말해본다.

"수고했어."
그리고 "미안해. 고마워."

소중한 사람에게 가장 조심해야 한다는 말. 그건 단순한 도덕이 아니라, 관계를 오래 지켜내기 위한 아주 사소하고도 정직한 기술이다.

아버지와 무인도

행복하게 여행하려면 가볍게 여행해야 한다.

앙투안 드 생텍쥐페리

김영하 작가의 「여행의 이유」를 읽었다. 그는 여행을 '나와 세상의 대화'라고 했다. 설렘과 추억이 담긴 여행은 다시 일상으로 돌아온 우리에게 삶을 살아가게 하는 원동력이 되기도 한다.

내가 가장 기억에 남는 여행은 화려한 스페인의 거리도, 오색으로 빛나는 일본 도쿄의 신주쿠 거리도 아닌, 아버지와 함께했던 국내 바다 여행이다.

 투명한 물, 뛰어다니는 아이들, 물속을 누비던 쥐치 떼, 몰려오는 태풍, 굉장한 속도로 날아가는 검은 구름, 쏟아지는 비, 달려가는 사람들, 그리고 웃고 계시던 아버지.
 밝아진 하늘, 바닷바람, 비 냄새, 한적한 식당에서 먹었던 순두부찌개, 낮은 지붕, 고요한 도시, 갯벌을 기어가는 소라게, 웅덩이에 갇힌 커다란 물고기.

 막상 적어 보면 별것 없어 보이는 장면들. 하지만 내 기억 속 가장 행복했던 여행이었다. 어릴 적 대부분의 여행은 아버지와 함께였다. 주로 낚시를 위해 떠났고, 중학생 때는 두 달 동안 스무 번 넘게 낚시를 간 적도 있었다.

 아버지와 마지막 여행은 25살 때 아버지, 나, 사촌 형과 함께 무인도로 떠났던 여행이다. 밤새 차를 타고 달려 해가 뜨기 전 항구에 도착하고, 배를 타고 다시 먼 바다로 나아갔다. 무인도에 도착해 절벽 위로 올라가 아래를 내려다보니 까마득했다.

밑밥을 던지자 금세 수백 마리의 물고기가 몰려들었다. 그야말로 잔치였다.

밥만 지으면 됐다. 회, 튀김, 구이까지. 잡은 물고기로 아침, 점심, 저녁을 해결했다. 참돔, 고등어, 전어, 숭어, 장어… 잡히는 어종도 다양했다.

그렇게 즐겁게 식사를 하는 중, 수평선 위로 거대한 먹구름이 보였다. 라면 한 입을 먹고 다시 쳐다보니 구름은 어느새 우리 코앞까지 다가왔다. 거짓말이 아니라, 거의 헬리콥터 수준의 속도였다. 절벽 위에 있던 낚싯대 가방, 텐트, 모두 하늘로 날아갔다. 비싼 낚시 장비와 전자기기를 껴안고 강풍이 지나가길 기다렸다. 거센 비, 사방에서 몰아치는 바람. 그야말로 공포였다.

십여 분 후, 재앙처럼 몰아치던 바람은 언제 그랬냐는 듯 지나갔다. 바다는 황금빛으로 일렁였고, 태양은 아무 일 없다는 듯 웃고 있었다. 수평선 너머엔 수천 마리의 양떼구름이 경사를 오르듯 흘러갔다.

바다에 떨어진 장비를 낚싯대와 뜰채로 건져내고 주변을 정리했다. 다행히도 다친 사람은 없었고 잃어버린 물건도 없었다.

"바다에서는 자주 있는 일이다."
아버지는 별일 아니라는 듯 낚시를 다시 시작했다. 생각해보면 정말 위험한 순간이었다. 바람에 밀려 떨어졌다면… 그건 끝이었을 것이다. 아찔했다.

테트라포트 위에서 아이스박스를 매고 점프하다 틈 사이로 추락할 뻔했던 적도 있었다. 그때는 몰랐는데 나중에 알고 보니 그곳은 한 번 빠지면 시체도 못 건진다고 했다. 지금은 웃고 넘기지만 돌이켜보면 참 미친 짓이었다.

세상을 살아가면서 고통의 순간도 많았지만, 이렇게 기억에 남는 깊은 추억도 있다. 해외보다 국내 낚시 여행이 더 즐거웠던 이유는 아버지와의 추억, 어린 시절의 그리움, 모든 게 새로웠던 그 순간의 강렬함 때문일 것이다.

앞으로 살아가면서 그때처럼 망망대해에서 태풍과 마주할

날이 과연 있을까? 아마 없을 것이다. 있더라도 그때의 기억과는 다른 경험일 테다.

　좋은 추억을 준 아버지에게 감사한다. 그때의 기억은 나에게 있어 영원하다.

사랑하는 아내에 대해서

사랑이란 두 사람이 서로를 바라보는 것이 아니라,
같은 방향을 바라보는 것이다.

앙투안 드 생텍쥐페리 「어린 왕자」

오늘도 아내는 재미난 문자를 보냈다. 여름 커튼을 다리미로 펴다가 구멍이 났고, 건조기에 돌려서 길이가 줄었다는 내용이었다. 자기가 생각해도 정말 멍청하다고 웃으며 한탄했다. 사진을 보니 커튼은 다리미에 녹아내렸고, 건조기의 뜨거운 열기 속에서 불에 구운 오징어처럼 축소되어 있었다. 한밤중에 낑낑

대던 아내의 모습을 떠올리자 고맙기도 하고 미안하기도 하고 대견하기도 했다.

아내는 생명공학 분야에서 학사, 석사, 박사 학위를 취득했다. 의과대학 연구실에서 박사 후 연구원으로 일을 하다가 나와 결혼했고, 출산을 하고 지금은 아이를 키우며 복직을 준비 중이다.

육아와 커리어를 동시에 이어간다는 것. 생각보다 훨씬 버거운 일이다. 출산으로 인한 신체적, 정신적인 변화에 적응해야 하고, 복직을 위한 커리어도 다시 준비해야 하며 아이를 위한 어린이집 정보나 육아 관련 이슈에도 늘 민감하게 움직여야 한다. 나는 옆에서 최선을 다해 돕고 있지만 언제나 부족한 것이 사실이다.

아내의 노력과 헌신에 깊은 감사와 존경을 표한다. 그녀가 아니었다면 우리 가정은 지금처럼 행복할 수 없었을 것이다. 아내와 함께 아이를 키우며, 서로를 지지하고 도우며 살아가고자 한다.

가정의 행복은 큰 성취에서만 오는 것이 아니다. 아내와 나누는 소소한 일상, 아이의 웃음, 그리고 함께 겪어내는 크고 작은 문제들 속에서 우리는 행복을 찾고 있다. 앞으로 우리가 함께할 모든 순간들을 기대한다. 서로의 꿈을 지지하고, 가족으로서의 삶을 충실히 살아가며, 삶의 모든 순간 서로에게 최고의 파트너가 되어줄 것이다.

사랑하는 아내와 함께라면, 어떤 도전도 함께 극복해 나갈 수 있다. 그녀와 함께하는 하루하루는 더욱 풍요롭고 의미 있게 될 것이다. 우리 가족의 이야기는 지금도 계속 이어지고 있고, 그다음 장도 준비되어 있다. 그 장마다 사랑과 희망, 그리고 작지만 분명한 행복이 가득 차 있으리라 믿는다.

내일도 키 재자, 우리

아이들에게 가장 필요한 것은 선물이 아니라,
부모의 존재다.

제시 잭슨

유진이가 태어난 지 20개월. 이제는 집 안에서 유진이의 웃음소리가 없는 하루는 상상이 되지 않는다. 말은 아직 서툴지만 표정과 손짓, 눈빛만으로도 자신의 마음을 또렷하게 전한다.

매일 아침 "유진이 키 컸어?"라고 묻고, 체중계 위에 올라가

"몸무게 재줘"한다. 거울 앞에서는 "얼굴 예뻐?"하며 스스로를 들여다본다.

그런 너를 보며 매일 다짐한다. 건강하게, 밝게, 따뜻한 사람으로 키우겠다고. 하지만 그 다짐 속에는 언제나 조용한 불안이 함께 따라온다. 정말 잘 키울 수 있을까. 지금까지는 어찌어찌 해왔지만, 앞으로는… 더 어려워지지 않을까.

유진이 키가 커가는 만큼 우리는 조금씩 늙어가고 있다. 아내의 눈가에는 예전엔 없던 작은 주름이 보이기 시작했고, 나는 체력이 부쩍 줄었다. 예전 같았으면 유진이와 한참을 뛰어놀 수 있었을 텐데, 이젠 조금만 굴러도 숨이 찬다.

그럴 때면 둘째에 대한 고민이 스친다. 지금도 버겁고 빠듯한데, 한 명을 더? 하지만 또, 유진이가 혼자 외로울까 봐 마음이 흔들린다. 형제자매와 함께 자라는 힘을 우리는 알고 있으니까.

그러면서도 한편으로는 지금 유진이와 함께하는 이 시간이 다시 오지 않을 순간들이라는 걸 알고 있다. "아빠" 하고 달려와 안기는 그 느낌, 작은 손으로 내 손을 꼭 잡는 따뜻함, 자기 전에 들려달라고 조르던 똑같은 이야기책 한 권.

이 모든 게 내 삶에서 가장 소중한 장면이자, 언젠가는 그리워질 기억이 될 것이다.

나는 아직도 서툴다. 좋은 아빠가 뭔지, 정답을 모르겠다. 하지만 매일 유진이와 눈을 맞추고, 유진이가 좋아하는 딸기를 잘라주고, 밤마다 등을 토닥이며 속삭인다.

"아빠는 오늘도 너를 사랑해."
그 말만은 진심이니까.

우리 유진이. 네가 매일 자라고 있다는 건, 우리 부부가 함께 노력하고 있다는 증거일 거야. 그게 어디에 내놔도 부끄럽지 않은 가장 뿌듯한 삶의 성적표 아닐까.

그러니까 유진아, 내일도 아빠랑 엄마랑 같이 키 재자. 그리고 그 옆에, 우리 조금 늙어가는 두 사람도 조용히 서 있을게. 너의 하루하루를 가장 가까이에서 지켜보며, 가장 많이 사랑하면서.

책임지지 못한 기억

우리는 우리가 길들인 것에 대해 영원히 책임이 있다.

앙투안 드 생텍쥐페리 「어린 왕자」

어릴 적, 나는 개를 좋아했다. 적어도 좋아한다고는 생각했다. 처음 함께한 건 뽀삐라는 개였다. 초등학교 시절, 뒷마당에서 지냈던 녀석. 유난히 자유로운 성격이라 한두 날 집을 나가 혼자 돌아다니다가도 며칠 뒤엔 아무 일 없다는 듯 돌아와 꼬리를 흔들었다. 그게 그 시절 우리 집의 일상이었다. 문단속도

허술했고, 동물은 그저 '지켜야 할 생명'이라기보단 '같이 사는 존재' 정도의 거리였다.

그런 뽀삐를 한 번도 진심으로 이해하려고 한 적이 없었다. 그저 옆에 있으니 좋았고, 잘 따르니 귀여웠고, 같이 있으면 심심하지 않으니 만족했다. 그 당시 내가 알던 '사랑'의 전부였다.

그러다 어느 날, 갑작스럽게 청주로 이사를 가게 됐다. 짐을 싣고 이동하다가 잠시 정차했을 때, 뽀삐는 차에서 내려 산속으로 뛰어들었다. 놀란 마음에 이리저리 불러봤지만, 그날 이후 다시는 돌아오지 않았다. 끝내 뽀삐를 찾지 못했고, 그 아이도 나를 다시 찾지 않았다.

그때는 그게 끝이라고 생각했다. 하지만 지금 생각하면, 그건 내가 책임지지 못한 관계였다. 한 존재와 함께 지낸다는 게 그렇게 쉽게 끝날 수 있는 일이라는 걸 그때는 몰랐다. 그리고 그걸 너무 쉽게 잊었다.

소백이라는 개도 있었다. 진돗개였고, 영리했지만 거칠었다. 앞발로 대문을 열고 나가고, 계단을 타고 담도 넘었다. 정말 똑

똑한 녀석이었지만 그만큼 거리감도 느껴졌다. 내가 제대로 다가가려 하지 않았고, 그 아이도 마음을 열지 않았던 것 같다.

결국 주택에서 아파트로 이사하면서 데리고 갈 수 없다는 이유로 아버지의 지인에게 보냈다. 얼마 후 사람을 물었다는 이야기를 들었고, 그 이후의 소식은 알지 못했다. 그리고 나는 또 그렇게 잊었다.

나는 개를 좋아한다고 했지만, 그건 나의 편의에 기반한 감정이었다. 정말 사랑한 게 아니라, 함께 있을 때의 즐거움만 소비했던 것 같다. 그 아이들이 나를 믿고 있었는지, 내가 그들에게 진심이었는지 이제는 자신이 없다.

그저 돌아보면 마음이 쓰이고, 그리워지고, 무엇보다 미안하다. 한 번도 제대로 작별하지 못했다. 놓칠 땐 너무 쉽게 놓았고, 그 뒤로는 미안하다는 말 한마디 전하지 못한 채 기억 속에만 묻었다.

사람과 개 사이에도 충분히 깊은 유대가 가능하다고들 말한다. 그 말이 맞는지도 모르겠다. 하지만 나와 그 아이들 사이엔

한 가지 무언가가 부족했던 것 같다. 사랑이라고 말하기엔 가벼웠고, 가족이라 부르기엔 멀었던.

나는 그 아이들을 진심으로 사랑하지 못했고, 그 아이들도 끝내 나를 믿지 못한 채 이 세상 어딘가에서 사라졌다. 그 생각을 하면 지금도 마음 한편이 뻐근하다. 아무리 시간이 흘러도 한 존재를 끝까지 책임지지 못한 기억은 잊히지 않는 법이다.

부모라는 이름

부모가 되기 전에는 결코 부모를 이해할 수 없다.

미국 속담

누가 뭐래도 두 분은 나를 낳아주시고 키워주신 부모님이다. 지금은 각자의 삶을 살아가고 있지만, 여전히 연락하고, 만나고, 웃으며 대화를 나눈다. 서로 다른 길을 걷게 되었지만, 나와의 연은 끝나지 않고 이어지고 있다.

어머니는 어려운 환경 속에서도 늘 씩씩하고 강하게 살아오셨다. 혼자서도 척척 일을 해내고, 아무리 힘들어도 "괜찮다"고 말하던 분. 지금까지도 여전히, 무언가 해내야 한다는 책임감에 스스로를 다그치며 살아가신다. 가족을 책임져야 한다는 마음, 집안을 일으켜야 한다는 의무감. 그 마음이 가끔은 짠하다.

아버지는 정반대다. 평범한 집안의 막내로 태어나 형제들 중 가장 많은 보살핌을 받으며 자라셨다. 일에 대한 큰 욕심은 없고, 지금은 그저 평온하고 조용한 삶을 원하신다. 휴식을 좋아하고, 무던하고, 큰 파도를 만들지 않는 분. 그 나름의 삶의 방식이 있고, 그 방식대로 사는 것도 존중받아야 한다는 걸 이제는 안다.

나는 두 분의 젊은 시절을 모른다. 어떻게 만나셨는지, 어떻게 함께 살아오셨는지 자세히 들은 적도 없다. 그저 내가 태어나고, 자라고, 공부하고, 어른이 될 때까지 어떻게든 길러주시고 지켜봐 주셨다. 그것만으로도 감사하다.

이제는 내가 아이를 키우는 입장이 되어보니 새삼스럽게 깨닫는다. 이렇게 작고 여린 아이를 해마다 키우고, 돌보고, 길고 긴 시간을 함께 버텨야 비로소 '부모'라는 이름이 생긴다는 걸.

그리고 자식이 어느 정도 자란 뒤에서야 그 고마움을 알게 된다는 것도.

나의 어린 시절, 부모님이 늘 곁에 있었던 그 시간이 구체적으로 기억나지는 않는다. 하지만 지금 그 자리에 내가 서 보니, 그 기억들이 얼마나 큰 사랑이었는지를 조용히, 깊이, 가슴으로 느끼게 된다.

그래서 가끔, 그냥 문득 뭉클해진다. 그리고 진심으로 감사하다.

다정한 어른

기억은 영혼의 서기다.
아리스토텔레스

요즘은 사촌과의 관계가 참 멀어진 것 같다. 명절도 간소해졌고, 제사는 사라지고 있다. 하지만 내가 어릴 땐, 사촌은 거의 형제처럼 가까운 존재였다. 한두 달에 한 번은 제사로 모였고, 함께 성묘를 다녀왔다. 설 연휴에는 큰집에 이틀씩 묵으며 같이 자고, 밥 먹고, 화투를 치고, 윷놀이를 하고, 감나무에서 감을 따며 놀았다. 그 시절은 지금보다 훨씬 느리고, 정이 있었다.

특히 기억에 남는 건 사촌 형들이다. 나와는 나이 차이가 많이 났다. 그런데도 늘 잘 챙겨줬다. 용돈도 아낌없이 쥐여주고 놀이공원이나 극장, 분식집에도 데려가곤 했다. 그때는 그게 당연한 줄 알았다. 나도 크면 그런 어른이 될 거라고 생각했다. 그런데 지금의 나는… 솔직히 조카들에게 그렇게 잘하지 못하고 있다. 용돈은 가끔 쥐여주지만, 그 외엔 바쁘다는 이유로, 어색하다는 핑계로, 정작 마음을 건넬 기회를 자주 놓친다. 조카들도 어른인 나를 그리 반기지 않는다. 내가 어릴 때 느꼈던 그 따뜻함을, 나는 제대로 건네주지 못하고 있는지도 모른다.

세상이 많이 변했고, 가족 간의 거리도 달라졌다. 그런데도 가끔, 어릴 때 사촌 형이 건네준 그 무심한 다정함이 그립다. 불쑥 쥐어준 천 원짜리 지폐, 놀이공원에서 나를 먼저 챙기던 손길, 밤에 화투를 치다 몰래 간식 사러 나가던 웃음. 그 모든 것들이 한 시절의 풍경처럼 마음에 고스란히 남아 있다.

나는 아직도 그 기억 속에서 따뜻함을 느낀다. 그래서 더더욱, 나도 누군가에게 그런 기억으로 남고 싶다고 생각한다. 비록 지금은 잘 못하고 있지만, 마음만은 늘 그 시절의 사촌 형들처럼 작지만 다정한 어른이고 싶다.

늦은 평온을 위한 용기

세상은 당신이 한 선택으로부터 만들어진다.

파울로 코엘료

부모님은 오래전에 이혼하셨다. 다툼이 잦았고, 때로는 별거를 하셨고, 그런 모습이 어느새 익숙해질 정도로 오랜 시간이 흘렀다. 그래서 나중에 이혼을 결정하셨을 때, 나는 반대도 하지 않았고, 그렇다고 적극적으로 응원하지도 않았다. 그저 '이혼이라는 일이 드디어 눈앞에 닿았구나' 하는 마음이었다. 진작 했어야 할 일이 이제야 정리된 느낌. 의외로 담담했다.

가끔은 이런 생각도 든다. 내가 좀 더 적극적으로 말렸더라면 어땠을까. 아버지께, 어머니께, 한 번쯤 더 대화를 요청했다면 결과가 달라졌을까. 하지만 이내 스스로에게 고개를 젓게 된다. 부부의 일은 어디까지나 두 사람만의 것이다. 자식이 할 수 있는 일은 한계가 있고, 오랫동안 쌓여온 마음의 균열을 겉으로 보이는 사랑이나 책임감으로 메울 수 없다는 걸 안다.

그리고 무엇보다, 두 분이 헤어진 뒤 조금 더 가벼워진 얼굴로 살아가시는 걸 보면서 그 결정이 틀리지 않았음을 느낀다. 이혼은 끝이 아니라 서로의 삶을 다시 시작하기 위한, 때로는 필요한 전환이 될 수도 있다.

가족의 형태는 변했지만 각자의 자리에서 평온하게 살아가는 부모님을 보며, 나도 그 선택을 인정하고 받아들인다. 부모님의 이혼은 어쩌면, 늦은 평온을 위한 용기였는지도 모른다.

떠나간 자리에서

과거는 결코 죽지 않는다. 그것은 심지어 지나간 것도 아니다.

윌리엄 포크너

꽃은 금세 진다. 벚꽃처럼 찬란하게 피고, 사람들의 시선을 모으고, 그렇게 갑자기 바람에 흩어진다. 그러고 나면 아무것도 남지 않은 것처럼 보이지만, 사실 그 자리엔 씨앗이 남는다. 눈에 잘 보이지도 않을 만큼 작고 조용하지만, 다음 생명을 위한 준비는 이미 시작된 것이다.

가족도 그렇다. 우리는 모두 부모라는 이름 아래 누군가의 자식으로 태어난다. 늘 곁에 있던 엄마의 손, 잔소리 같았던 아빠의 말투, 아무렇지 않게 지나간 식탁 위의 대화들. 그 시간들이 당연했던 순간, 우리는 그 안에서 자라고 있었다.

그러다 어느 순간, 모두가 부모라는 보금자리를 떠난다. 혼자 살게 되고, 누군가를 만나 함께 살게 되고, 어느덧 나도 누군가의 배우자, 부모, 한 가정의 중심이 되어간다. 그리고 그때 문득 깨닫게 된다. '내가 자란 자리'는 사라진 게 아니라, 그대로 내 안에 남아 있었다는걸. 엄마가 했던 말투를 나도 모르게 따라 하고, 아빠가 했던 행동이 내 몸에 배어 있고, 그때 배운 사랑과 방식이 내 가족에게로 흘러간다.

꽃은 졌지만, 그 자리에 씨앗이 남아 있었다. 부모의 품을 떠났지만, 그 품 안에 있었던 따뜻함은 내 삶 안에 고스란히 남아 있었다.

나는 이제 또 하나의 보금자리를 만든다. 비록 완벽하진 않지만, 그 자리에 또 다른 사랑이 피어나고, 나의 아이도 이 자리에서 자라 자신만의 가족을 꾸릴 것이다.

떠나는 건 끝이 아니다. 흩날리는 꽃잎 뒤에는 늘 다음 계절이 오고, 그 자리에 남은 씨앗은 다시 누군가의 봄이 된다.
가족도 그렇게 남은 자리에서 자라고, 또 이어진다.

내 이름은 계속 바뀌고 있다

부모가 된다는 것은 아이를 키우는 것뿐만 아니라,
자신을 다시 발견하는 여정이다.

케리 샤히디

처음 나는 그저 누군가의 아들이었다. 작고 여렸고, 매일 보호받아야 하는 존재였다. 어딜 가든 손을 붙잡히고, 무언가를 할 때마다 허락을 받아야 했고, 내가 웃는 일도, 울음을 터뜨리는 일도 모두 부모의 세계 안에 있었다.

시간이 흘러 처음으로 누군가를 좋아하게 됐다. 가슴이 뛰고, 하루에도 몇 번씩 생각나던 사람. 그때 나는 누군가의 남자가 되었다. 서툴고 어설펐지만 사랑받기 위해 더 나은 사람이 되고 싶었고, 그 사람에게 특별한 존재로 남고 싶었다. 나를 이름으로 부르던 세상이, 그때부터 조금씩 달라졌다.

결혼을 하고, 어느 날 내 앞에 작고 따뜻한 생명이 태어났다. 나는 아빠가 되었다. 처음엔 아빠라는 말이 낯설었다. 아직 내 인생도 정리가 되지 않았는데 이제 누군가의 시작을 책임져야 한다는 게 두려웠다. 하지만 작고 말랑한 손이 내 손을 잡을 때, 새벽에 잠든 얼굴을 가만히 바라볼 때, 그 이름은 조금씩 내게 스며들었다.

이제 사람들은 내 이름보다 그 아이의 이름에 내 자리를 덧붙여 나를 부른다. 처음엔 조금 어색했지만, 이제는 그 이름이 나를 설명하는 가장 정확한 표현이 되었다.

아이는 하루가 다르게 자라고, 나는 매일 조금씩 늙어간다. 거울을 보면 눈가에 작은 주름이 보이고, 예전처럼 힘껏 달리기도 어렵다. 하지만 그 모든 변화를 견딜 수 있는 건 누군가의 아빠라는 이름 아래, 누군가의 세상을 지켜주는 사람으로 살아가고 있다는 실감 때문이다.

아마도 시간이 더 흐르면 나는 또 새로운 이름을 얻게 될 것이다. 아이들이 독립하고, 그 아이들에게 아이가 생기면 나는 할아버지가 된다. 그리고 또 한 번, 나는 새로운 나로 살아가게 될 것이다. 이름은 바뀌고 역할도 달라지지만, 그 모든 변화 속에서도 나는 여전히 사랑하고, 책임지고, 존재하려 애쓰는 한 사람일 뿐이다.

아들로 시작해 남자가 되고, 아빠로 살고, 언젠가 할아버지가 되는 이 흐름 속에서 나는 오늘도, 내가 어떤 사람인지 조금씩 알아가고 있다

책의 끝
그렇게 우리는 하루하루를 걸어왔다

오래전부터 '책을 써야지, 출간을 해야지' 그렇게 마음만 먹었다. 하고 싶은 건 많았고 머릿속엔 늘 이야기가 떠다녔지만, 정작 실천은 하지 않았다.

어쩌면 나는 몽상가였을지도 모른다. 계획만 세우고, 완벽한 순간이 오기만을 기다리며 끝없이 머뭇거리는 사람. 돌다리를 두드리는 것도 모자라 그 돌 하나하나를 연구하느라 건너는 법을 잊어버린 사람이었는지도 모른다.

아무튼, 그게 나였다.

이 책은 그 오랜 머뭇거림의 끝이고, 마침내 건넌 첫 번째 돌다리다. 작가로서의 시작이고, 앞으로 내가 쓸 많은 이야기의 서문이기도 하다. 어떤 책을, 어떤 이야기를 써갈지 아직 모른다. 하지만 한동안은 이렇게 말하고 싶다.

나는 에세이를 쓸 것이다.
자유롭게, 조금은 서툴지만, 정직하게.
때로는 짧은 단상처럼,
때로는 누군가의 마음을 건드리는 문장처럼.

나는 사랑스러운 사람은 아닐지도 모른다.
하지만 사랑하려는 사람이고 싶다.
나는 모든 것을 알지 못한다.
하지만 사소한 것들에 관심을 가지는 사람이고 싶다.
나는 위대한 작가는 아닐지도 모른다.
하지만 나와 당신을 위하는 작가이고 싶다.

그리고 어느 날,
어떤 술자리에서 내 책을 읽은 누군가가

"그 책 좋더라"라고 말해준다면,

그 말 한마디에 조용히

아주 조용히 눈물을 흘릴지도 모른다.

이제야 나에게 말을 걸어본다

초판 1쇄 발행 2025년 6월 15일

저자 서정환
펴낸이 김영근
책임편집 한주희
편집 김영근 최승희
디자인 김영근
펴낸곳 마음 연결
주소 경기도 수원시 팔달구 인계로 120 스마트타워 604
이메일 nousandmind@gmail.com
출판사 등록번호 251002021000003
ISBN 979-11-93471-54-8
값 18000